Gute Tage will ich haben!

Jürgen Werth

Uraltes Weisheitswissen für ein hoffnungsvolles Heute und Morgen

Inhalt

Einführung

Dieses Buch! Seit Jahren platzt es immer wieder in meinen Alltag. Springen mir seine Sätze unverhofft und unerwartet ins Auge, ins Hirn, in die Seele:

»Es ist alles ganz eitel und ein Haschen nach Wind.«

»Es geschieht nichts Neues unter der Sonne.«

»Alles hat seine Zeit, und alles Vorhaben unter dem Himmel hat seine Stunde.«

»Einer mag überwältigt werden, aber zwei können widerstehen, und eine dreifache Schnur reißt nicht leicht entzwei.«

»Wer Geld liebt, wird vom Geld niemals satt.«

»So geh hin und iss dein Brot mit Freuden, trink deinen Wein mit gutem Mut.«

»Weisheit ist besser als Kriegswaffen.«

»Wer eine Grube gräbt, der kann hineinfallen.«

»Der Narr macht viele Worte.«

»Des vielen Büchermachens ist kein Ende, und viel Studieren macht den Leib müde.«

Dieses Buch! Dieses Büchlein, besser gesagt. Nur ein paar Seiten. Aber prallvoll mit Lebenswissen, Lebensweisheit. Vor über 2000 Jahren gedacht, gesagt, geschrieben. Als es noch keine Bücher gab, nur Schriftrollen aus Papyrus- oder Pergamentbahnen. Von einem, der im Dunkel bleibt. Man nennt ihn den Prediger. Den Lehrer. Den Sammler. Ver-Sammler. Kohelet für die Hebräer. Ecclesiastes für die Griechen. Concionator für die Lateiner. Volksredner. War er das? Auf den alten weisen König Salomo bezieht er sich. Weshalb sein Buch auch lange »Prediger Salomo« genannt wurde. Aber es ist wohl erst entstanden, als Salomo schon viele Jahrhunderte nicht mehr auf dieser Erde weilte. Es gehört zum ersten Teil der Bibel, den Christen das »Alte Testament« nennen.

Wer bist du, Prediger? Warum berührt mich, was du schreibst? Woher kommt deine tiefe Einsicht in die Seele des Menschen, in das Leben, in die Zusammenhänge der Welt? Und was bedeutet dir Salomo? War er dein Inspirator im Hintergrund? Oder hast du vielleicht sogar alte, bis dahin unveröffentlichte Spruchweisheiten von ihm entdeckt, gesammelt, verarbeitet?

Ich weiß es nicht. Ich muss es nicht wissen. Ich muss mich nur einlassen auf deine Einsichten. Um selbst ein bisschen weise zu werden.

Weise. Das ist wohl mehr als wissend. Weisheit ist Lebensklug-
heit, und das möchte ich werden: lebensklug. Darum nehme
ich dich einfach mit in meine Welt, Prediger, in meinen Alltag,
meine Lebenswege, meine Zweifel und Fragen, meine Träume
und Ängste. Ich ahne schon jetzt: Mit all dem kennst du dich
aus.

1

Was hat der Mensch für Gewinn
von all seiner Mühe, die er hat
unter der Sonne?

Was ein Leben sinnvoll macht

Wir hatten uns lange nicht gesehen. Viel zu lange nicht. Nun saß er mit seiner Frau am Nachbartisch in der Cafeteria des Pflegeheims, in das meine 93-jährige Mutter ein paar Tage zuvor eingezogen war. Ernstheinrich Schäfer. Mit Herzklopfen ging ich auf ihn zu. »Hallo, Ernstheinrich!« Seine Frau erkannte mich sofort. Großes Hallo. »Du hier?« »Ihr hier?« Er – schaute mich freundlich an. Mit warmen, lächelnden Augen. Aber er wusste nicht, wer ich war. Sie stellte mich vor. Sein Blick veränderte sich nicht. Warm und freundlich und – leer. »Er erkennt dich nicht mehr!«, sagte sie traurig. »Die Vergangenheit ist ausgelöscht.«

87 war er inzwischen, und die Vergangenheit war schon lange nicht mehr da. Dabei war er doch immer so klug gewesen. So wach. So aufmerksam. Ich war zu ihm in die Schule gegangen. Und das gleich im mehrfachen Wortsinn. Mein Deutschlehrer war er gewesen, mein Denklehrer, Leselehrer, Schreiblehrer. Er hatte dafür gesorgt, dass ich irgendwann die Schneider-Kinderbücher gegen wirkliche Literatur austauschte. Wir hatten uns an Wolfdietrich Schnurre gewagt, an Günter Grass und Max Frisch. Er hatte meine Lust an der Sprache geweckt, meine Art zu schreiben geformt. Dass ich Journalist geworden bin, lag wohl nicht zuletzt an ihm.

Er war anders als die anderen. Jünger. Moderner. Ambitionierter. Er sah anders aus, trug eine kecke Meckifrisur und hatte das augenzwinkernd mit Goethe begründet: »Eines schickt sich nicht für alle …« Später war er Schulleiter geworden, natürlich. Und wir waren uns immer wieder begegnet. Als ich in den Ruhestand ging und in der Wetzlarer Stadthalle ein großes Abschiedskonzert gab für die Hörer und Zuschauer des »Evangeliums-Rundfunk« (ERF), den ich viele Jahre geleitet hatte, war er da. Ich hatte es gewusst und ein Buch mitgebracht, das er mir knapp 50 Jahre zuvor feierlich überreicht hatte. Er war Vertrauenslehrer gewesen, ich Schulsprecher. Das Buch war sein Dankeschön für unsere Zusammenarbeit gewesen.

Und nun? War ich längst im Ruhestand. Und er – wusste nicht mehr, wer ich war. Er las nicht mehr. Er erkannte nichts mehr. »Von der Schule weiß er gar nichts mehr«, flüsterte seine Frau. Es gab kein Gestern mehr für ihn, nur noch heute, nur noch jetzt. Nur noch den Kaffee und die Torte auf dem Tisch, nur noch die Frau an seiner Seite, nur noch diesen älteren unbekannten Herrn, der ihn so freundlich begrüßte und von dem er nicht wusste, wer das war.

Es war unsere letzte Begegnung.

Als er gestorben war, lud mich seine Tochter ein, bei der Trauerfeier eines meiner Lieder zu singen. Ich bin früh losgefahren, denn ich ging davon aus, dass die Trauerhalle überfüllt sein würde. Doch sie war beinahe leer. Die Familie, eine Handvoll ehemaliger Weggefährten.

»Was ist der Mensch!« Vergänglich wie Gras. Ein Windhauch. Und was ist das, was er schafft! Was bleibt? Von ihm, von seinem Leben, von seinen Mühen, von seinen Erfolgen?

Das Leben ist flüchtig. Der Mensch ist flüchtig. Das Glück ist flüchtig. Der Erfolg ist flüchtig.

In meinem Kopf singt Frank Sinatra:

»That's Life! That's what all the people say. You're riding high in April, shot down in May.« – »So ist das Leben, das sagt man eben so. Im April bist du ganz oben, und im Mai im Nirgendwo.« Und weiter: »Aber für mich wird es anders sein! Im Juni steig ich ganz neu ein!«

Kein Lied für ihn. Kein Lied für Ernstheinrich Schäfer. Und wohl auch kein Lied für mich. Irgendwann ist Mai. Irgendwann bleibt es Mai.

Ich schlage dein Buch auf, Prediger.

Es ist alles ganz eitel, sprach der Prediger, es ist alles ganz eitel. Was hat der Mensch für Gewinn von all seiner Mühe, die er hat unter der Sonne?

Aus Prediger 1

Eitel. Und wieder singt ein Lied in meinem Kopf, das schlichte Mondlied von Matthias Claudius: »Gott, lass uns dein Heil schauen. Auf nichts Vergänglichs trauen. Nicht Eitelkeit uns freun.« Eitelkeit? Ich schlage nach: »Eitel« stand zu seiner Zeit für »vergänglich, vergeblich, flüchtig«.

Ich sehe Menschen vor den Trümmern ihres Lebens. Flutopfer, Brandopfer, Tsunamiopfer, Erdbebenopfer, Kriegsopfer. Im Fernsehen zeigt einer bitter auf das, was von seinem Haus übrig geblieben ist: »Dafür haben wir 40 Jahre lang gearbeitet! Gelebt!«

Es ist alles ganz eitel. Sitzt auch du vor den Trümmern deines Lebens, als du das aufschreibst, Prediger? Bist du verbittert? Sehe ich dein Gesicht gramzerfurcht? Man hat dir das zuweilen unterstellt. Resignativ seien deine Gedanken. Eine bittere Bilanz am Ende des Lebens.

Für mich klingen sie anders. Wissend. Weise. Lebensklug. Entspannt. Gelassen. Ein bisschen trotzig. Vielleicht sogar heiter. Du hast viel erlebt und erlitten, hast vieles und viele kommen und wieder gehen sehen. Du warst ganz oben und ganz unten, wurdest gefeiert und vielleicht auch gefeuert. Du hast Sicherheiten zerbröckeln sehen, Schätze verrosten, Erfolge vergilben. Du bist alt geworden. Ja, du musst alt sein. Wenn man jung ist, denkt man solche Gedanken nicht. Aber du möchtest wohl, dass die, die noch nicht so weit sind, dir nachdenken. Damit sie nicht enttäuscht werden. Vom Leben nicht. Von sich selbst nicht. Und nicht von Gott. Wer weiß, dass er end-lich lebt, sollte endlich anfangen zu leben.

Hättest du sie schon gekannt, hättest du wohl die Geschichte vom niederländischen Herrn Kannitverstan erzählt. Johann Peter Hebel ist sie eingefallen, viele Jahrhunderte später. Zum ersten Mal habe ich sie wohl bei Ernstheinrich Schäfer gelesen.

Ein junger Handwerker aus Schwaben ist zum ersten Mal in Amsterdam. Vor einem prächtigen Haus bleibt er stehen und fragt, wem es gehöre. Er fragt auf schwäbisch, er kann keine andere Sprache. Die Holländer verstehen ihn nicht und antworten: »Kan nit verstan!« »Ich verstehe nicht.« Das aber hält er für den Namen des reichen Mannes. Herr Kannitverstan. Aha. Der wird ihm dann wieder genannt, als er sieht, wie aus einem großen Schiff prächtige Waren geladen werden. »Wem gehört das?« »Kan nit verstan.« Und er fängt an, den reichen Herrn Kannitverstan zu beneiden. Bis er einem langen Trauerzug begegnet. Auf seine Frage, wer denn hier zu Grabe getragen wird, antwortet einer der Trauernden wie die Befragten zuvor: »Kan nit verstan!« Was ihn erschüttert und beruhigt: Auch die unermesslich Reichen müssen sterben.

Das war immer so. Das wird immer so sein. Das letzte Hemd hat keine Taschen. Auch wenn man in alten Kulturen reichen Verstorbenen ins Grab legte, was ihnen im Leben etwas bedeutet hatte.

Alles ist eitel. Vergänglich, vergeblich, flüchtig.

Wer Geld liebt, wird vom Geld niemals satt, und wer Reichtum liebt, wird keinen Nutzen davon haben. Das ist auch eitel. Mehrt sich das Gut, so mehren sich, die es verzehren; und was hat sein Besitzer davon als das Nachsehen? Wer arbeitet, dem ist der Schlaf süß, er habe wenig oder viel gegessen; aber die Fülle lässt den Reichen nicht schlafen. Es ist ein böses Übel, das ich sah unter der Sonne: Reichtum, wohl verwahrt, wird zum Schaden dem, der ihn hat. Denn dieser Reichtum geht durch ein böses Geschick verloren. Und wer einen Sohn gezeugt hat, dem bleibt nichts in der Hand. Wie einer nackt von seiner Mutter Leib gekommen ist, so fährt er wieder dahin, wie er gekommen ist, und nichts behält er von seiner Arbeit, das er mit sich nähme. Das ist ein böses Übel, dass er dahinfährt, wie er gekommen ist. Und was gewinnt er dadurch, dass er in den Wind gearbeitet hat? Sein Leben lang hat er im Finstern gegessen, in großem Grämen und Krankheit und Verdruss.

Aus Prediger 5

Ich lese deine Gedanken, Prediger, in der Übersetzung zweier Männer, die dir nähergestanden haben als ich. Deinem Glauben, deiner Zeit, deiner Sprache. Zwei jüdische Gelehrte: Martin Buber und Franz Rosenzweig. In den Zwanzigerjahren des vorigen Jahrhunderts hatten sie gemeinsam begonnen, die Hebräische Bibel, das Alte Testament in der christlichen Heiligen Schrift, neu zu übersetzen. Möglichst nah am hebräischen Original. Franz Rosenzweig starb 1929, Martin Buber machte alleine weiter. Durch die dunkle Zeit des Nationalsozialismus hindurch bis in die Sechzigerjahre hinein. Der Anfang deines Buches liest sich bei ihnen so:

»Dunst der Dünste, spricht Versammler, Dunst der Dünste, alles ist Dunst.«

Alles Dunst. Die Goldenen Zwanziger, der Börsencrash von 1929, die Nazidiktatur, der Holocaust, der neue Staat Israel, das Wirtschaftswunder in Deutschland … Dunst, weil nicht beständig.

Wer viele Zeiten hat kommen und gehen sehen, lässt sich nicht mehr so leicht blenden und wohl auch nicht so schnell erschüttern.

Dein Buch ist ein zutiefst jüdisches Buch, Prediger. Auch wenn du nicht ahnen konntest, was deinem Volk widerfahren würde in den Jahrtausenden nach dir. Spätestens nach der Zerstörung des Tempels im Jahr 70 immer auf der Flucht. Die vierzig Jahre Wüstenwanderung auf Jahrhunderte gedehnt. Heimatlos. Schutzlos. Und oft genug auch besitzlos. Es lohnte sich nicht, feste Häuser zu bauen, weil sie ja doch immer wieder niedergebrannt wurden. Heinrich Heine schrieb einmal, die Juden hätten nur eine »portative Heimat«. Eine Heimat zum Mitnehmen. Ihren Glauben. Ihre Traditionen. Vielleicht noch die Torarolle. Alles andere: Dunst der Dünste. Vergänglich.

Und doch leben sie bis heute. Was ein Wunder ist. Der Philosoph Voltaire soll einmal von Friedrich dem Großen gefragt worden sein, ob er ihm einen Gottesbeweis liefern könne. Voltaire habe nach kurzem Nachdenken, geantwortet: »Die Juden, Sire!«

Ob leichter überlebt, wer gelernt hat, dass alles Dunst ist, und sich darum darin gar nicht erst häuslich niederlässt? Wer immer wieder verlassen muss, woran er sein Herz hängen könnte, verlässt sich nicht mehr auf Vergängliches.

Jochen Klepper konnte ein Lied davon singen. Als junger Journalist in der Nazizeit, Schriftsteller auch, der mit einer Jüdin verheiratet war und der Deportation ins Konzentrationslager nur dadurch zu entgehen wusste, dass er sich am 11. Dezember 1942 mit seiner Frau Hanni und der Tochter Renate das Leben nahm.

In einem Gedicht betete er schon 1937:

Da alles, was der Mensch beginnt,
vor seinen Augen noch zerrinnt,
sei du selbst der Vollender.
Die Jahre, die du uns geschenkt,
wenn deine Güte uns nicht lenkt,
veralten wie Gewänder.

Wer ist hier, der vor dir besteht?
Der Mensch, sein Tag, sein Werk vergeht:
nur du allein wirst bleiben.
Nur Gottes Jahr währt für und für,
drum kehre jeden Tag zu dir,
weil wir im Winde treiben.

Jochen Klepper

Seine letzten Worte waren: »Wir sterben nun – ach, auch das steht bei Gott – Wir gehen heute Nacht gemeinsam in den Tod. Über uns steht in den letzten Stunden das Bild des Segnenden Christus, der um uns ringt.«

Wir treiben im Winde. Wir sind Wind. Das Leben ist Wind. Die Zeit ist Wind. Ja, das würde bitter klingen und resignativ – wenn da nicht die Hoffnung wäre! Der Blick auf eine andere Wirklichkeit, unverwehbar und unvergänglich. Für den Prediger ist es Gott. Für Klepper auch. Für ihn aber vor allem der segnende Christus, in dem Gott sich aus der Unvergänglichkeit in die menschliche Vergänglichkeit begeben hat.

Wer solch eine andere Dimension denken und glauben kann, nimmt das Jetzt und Hier nicht ernster, als es das verdient hat, er geht immer wieder auf Distanz und gewinnt so Gelassenheit. Heitere Gelassenheit vielleicht sogar.

2

Es geschieht nichts Neues
unter der Sonne

Warum sich so vieles wiederholt

Sie hatte sich befreit. Von dem narzisstischen Despoten, der sie einmal verzaubert hatte. Der sie auf Händen getragen hatte. Aber nur, damit sie ihn bewunderte. Überhaupt war es wohl das, was er immer und überall und von jedem einforderte: Bewunderung. Als ihre Bewunderung kleiner geworden war, weil mehr und mehr die dunklen Seiten seiner Persönlichkeit zum Vorschein gekommen waren, hatte er sie mit denselben Händen, mit denen er sie früher getragen hatte, geschlagen. Endlich hat sie sich befreit. Oder besser: Hat sie sich befreien lassen. Denn alleine kommt man aus einem solchen Gefängnis nur selten wieder raus. Sie hatte menschliche Hilfe. Weise Berater. Beherzte Freunde. Und sie hatte Gott. Den Befreier.

Dann hatte sie *ihn* getroffen. Der war so, wie der, von dem sie sich befreit hatte, auch gewesen war in den ersten Monaten ihrer Beziehung. Charmant. Gewinnend. Verführerisch. Er hatte sie auf Händen getragen. Bis – sie eines Tages merkte, dass sie auf dasselbe böse Spiel hereingefallen war. Sie hatte das eine Gefängnis verlassen, um in einem anderen zu landen.

So geht das oft, und so geht es leider immer wieder. Weil die alten Muster sich tief in unsere Seele eingebrannt haben und wir meist gar nicht anders können, als uns nach ihnen zu richten in unseren kleinen und großen Entscheidungen. Sind wir frei? Wollen wir überhaupt frei sein? Können wir es sein? Darüber streiten die Gelehrten seit Jahrhunderten. Die Bibel sagt: Nein, wir sind es nicht. Es gibt kein Paradies der Freiheit, jenseits von Eden sind wir versklavt an tausend Herren, nicht zuletzt an uns selbst.

Augustinus hat einmal nüchtern festgestellt, unsere angebliche Freiheit sei nichts weiter als ein Rasseln mit unseren Ketten. Was wir jeden Tag erleben können. Der amerikanische Theologe William Willimond schreibt: »Im Supermarkt des Verlangens ist es unser Schicksal, endlos zu konsumieren und nie wirklich zufrieden zu sein.«

Nicht zufrieden und nicht frei. Ist das unser Schicksal? Bleibt es das, solange wir leben? Kommen wir nie ans Ziel unserer Mühen und Bemühungen? Können wir nie etwas wirklich Neues erleben? Oder uns wenigstens vorstellen? Denken? Erleben und erleiden und denken wir nur wieder und wieder, was wir schon immer erlebt, erlitten und gedacht haben? Wir und Generationen vor uns und nach uns? Träumen wir dieselben Träume? Spüren wir dieselben Ängste? Fühlen wir dieselben Schmerzen? Machen wir dieselben Fehler? Immer und immer wieder?

Wir reiben uns seit Jahrtausenden an denselben Fragen. Und die Geschichte scheint sich beständig zu wiederholen. Die Weltgeschichte und unsere Lebensgeschichten auch.

Das jedenfalls könnte erklären, warum dieses denkwürdige Buch von Kohelet so zeitlos aktuell ist.

Ein Geschlecht vergeht, das andere kommt; die Erde aber bleibt immer bestehen. Die Sonne geht auf und geht unter und läuft an ihren Ort, dass sie dort wieder aufgehe. Der Wind geht nach Süden und dreht sich nach Norden und wieder herum an den Ort, wo er anfing. Alle Wasser laufen ins Meer, doch wird das Meer nicht voller; an den Ort, dahin sie fließen, fließen sie immer wieder.

Alles Reden ist so voll Mühe, dass niemand damit zu Ende kommt. Das Auge sieht sich niemals satt, und das Ohr hört sich niemals satt. Was geschehen ist, eben das wird hernach sein. Was man getan hat, eben das tut man hernach wieder, und es geschieht nichts Neues unter der Sonne. Geschieht etwas, von dem man sagen könnte: »Sieh, das ist neu!« – es ist längst zuvor auch geschehen in den Zeiten, die vor uns gewesen sind. Man gedenkt

derer nicht, die früher gewesen sind, und derer, die hernach kommen; man wird auch ihrer nicht gedenken bei
denen, die noch später sein werden.

Aus Prediger 1

Geht es uns wie Sisyphos, dessen Stein immer wieder zurück-
poltert auf Anfang, wenn er ihn endlich auf den Gipfel des Berges gerollt hat? Oder geht es weiter, immer weiter, wie Heraklit
behauptet: Alles fließt. Panta rei. Man steigt kein zweites Mal in
denselben Fluss. Unsere Erfahrung scheint ihm recht zu geben.
Wir singen »Schön war die Jugend, sie kommt nicht mehr«.

Aber auch das stimmt: Wir mögen nicht ein zweites Mal in
denselben Fluss steigen, aber das Wasser, das er führt, ist dasselbe Wasser, in das schon die Dinosaurier gestiegen sind. Weil
es zu unserer Erde gehört und an diese Erde gebunden ist. Der
Fluss, in den man vielleicht nur einmal steigt, fließt ins Meer.
Spätestens dort verdunstet ein Teil seines Wassers, steigt in den
Himmel, kondensiert in den Wolken, und regnet irgendwann
zurück auf die Erde und speist ihre Quellen. Wir sind Teil eines
globalen Kreislaufs.

Wir nutzen dasselbe Wasser, wir führen dieselben brutalen
Kriege und schließen dieselben brüchigen Friedensverträge.
Wir erobern und unterdrücken genauso niederträchtig wie die
Menschen in vergangenen Jahrhunderten, wenn auch ausge-
klügelter. Wir beuten Erde, Menschen und Tiere aus wie alle,
die vor uns gelebt haben. Weshalb Historiker, auch Kirchen-

historiker, aktuelle Ereignisse oft mit einer beinahe zynischen Gelassenheit kommentieren: Nicht aufregen, alles schon mal da gewesen.

Ja, auch Kirchenhistoriker. Zuweilen erscheinen auch die scheinbar hochaktuellen theologischen und ethischen Auseinandersetzungen der Gegenwart wie eine Wiederholung der Auseinandersetzungen der Vergangenheit.

Ich erinnere mich an einen Brief, den der Lüdenscheider Pfarrer Paul Deitenbeck, damals Vorsitzender der Bekenntnisbewegung »Kein anderes Evangelium«, in den turbulenten Auseinandersetzungen mit der merkwürdigen Gott-ist-tot-Theologie in den Sechzigerjahren des vorigen Jahrhunderts an den Schweizer Theologen Karl Barth geschrieben hat. Barth war Hauptautor der »Barmer Theologischen Erklärung« von 1934 gewesen, einer Bekenntnisschrift gegen eine naziverseuchte Theologie. Kern des Briefes: Bitte prüfen Sie, ob es nicht Zeit ist für eine neue Theologische Erklärung. Daraufhin schrieb Karl Barth lapidar: »Auch dieses Kikeriki wird vergehen.«

Recht hat er gehabt. Das Kikeriki von damals hat längst anderen Kikerikis Platz gemacht.

Karl von Hase (1800 – 1890), Urgroßvater von Dietrich Bonhoeffer, weitet den Blick, wenn er seine »Kirchengeschichte«, die 1834 erschienen ist, mit den Sätzen überschreibt: »Alles hat seine Zeit. Der Herr der Zeit ist Gott, der Zeiten Wendepunkt Christus, der rechte Zeitgeist der Heilige Geist.«

Es hilft, die Geschichte zu studieren. Man wird dabei vielleicht nicht wirklich klüger. Aber gelassener.

Und doch verheißt die Bibel, die die Gedanken des Predigers enthält, unerwartbar Neues. Sie erzählt von einem Schöpfer, der immer wieder Neues denkt, sich immer wieder Neues ausdenkt und Neues schafft. Das Universum schafft er aus dem Nichts. Erde und Meere und Tiere und Menschen. Er sagt eben nicht »Es bleibe«, sondern »Es werde«. Und er tut das bis heute. Die Schöpfung ist ein Prozess. Wie die Geschichte. Wie unser Leben.

Ich bin überzeugt: Auch unsere Lebensgeschichte ist Schöpfungsgeschichte. Der Kreator bleibt kreativ. Der, der neue Wege bahnt, stellt die Arbeit nicht ein.

Den ungewöhnlichsten Schritt ist er wohl gegangen, als er selbst eingetaucht ist in seine Schöpfung, Geschöpf wurde. Ein Mensch. In Jesus ist sichtbar geworden, wie unmittelbar Gott den Menschen ist; in ihm hat er das tiefste und schwerste Menschenschicksal ausgehalten, die äußerste Verlassenheit und sogar das Sterben, um sie vom Sisyphosschicksal zu erlösen. Seitdem können sie wissen: Auch im scheinbar Sinnlosesten kann ein tiefer Sinn verborgen sein und das scheinbar Vergeblichste wertvoll.

»Ist jemand in Christus, so ist er eine neue Kreatur; das Alte ist vergangen, siehe, Neues ist geworden«, schreibt Paulus an die Christen in Korinth. (2 Korinther 5,17)

Es gibt Neues. In der Welt und in unserem Leben. Sonst müssten wir verzweifeln.

Ach ja, vieles wiederholt sich, auch wenn es in anderer Gestalt wiederkehrt und uns auf den ersten Blick darum oft neu und unbekannt erscheint. Aber es geht trotzdem voran.

Für mich ist die Geschichte ein Rad. Es dreht sich im Kreis und rollt trotzdem weiter und immer weiter auf ein Ziel zu.

3

Ich sah an alles Tun, das unter der Sonne
geschieht, und siehe, es war alles eitel
und Haschen nach Wind

Was dem Leben Bedeutung verleiht

Ich wandere über den Ohlsdorfer Friedhof im Norden Hamburgs. Wandern, ja. Denn das hier ist der größte Parkfriedhof der Welt. 389 Hektar. Weshalb man hier auch den Bus nehmen kann. Oder gleich zwei. 22 Haltestellen gibt es. Ich weiß das, weil ich mir im Beratungszentrum am Haupteingang in der Fuhlsbüttler Straße zwei Faltblätter gegriffen habe. Einen Ortsplan und eine Liste der Prominenten, die hier begraben liegen. Insgesamt gibt es 235 000 Grabstätten. Ungefähr. Die Liste der Prominenten darunter scheint endlos. Von Hans Albers bis Heinz Erhard, von Gustav Gründgens bis Richard Ohnsorg, von Gustav Hertz bis zu James Last, von Wolfgang Borchert bis zu Loki und Helmut Schmidt.

Ein Herr Kannitverstan ist nicht dabei.

Dafür viele Namenlose. Namenlos für mich. Allein über 50 000 Kriegstote aus unterschiedlichen Ländern. Gefallen in sinnlosen Kriegen.

»Letzter Hafen Ohlsdorf«, sagen die Hamburger zuweilen.

Ich setze mich auf eine Bank. Will ankommen. Zur Ruhe kommen. Wo könnte man das besser als auf einem Friedhof. Hier läuft der Stress der Lebenden ins Leere.

Mir fällt der Beginn eines steinalten Gedichts ein. Eindeutig inspiriert von dir, Prediger. Ich nehme mein Handy zur Hand und google. Und staune. Immer noch. Das Weltwissen in der Hosentasche. Da ist es. Von Andreas Gryphius. 1663. Vier Jahre vor seinem Tod, mit 48. Ein Lebensfazit?

> Ich seh' wohin ich seh/ nur Eitelkeit auff Erden/
> Was dieser heute bawt/ reist jener morgen ein/
> Wo jtzt die Städte stehn so herrlich/ hoch vnd fein/
> Da wird in kurtzem gehn ein Hirt mit seinen Herden:
> Was jtzt so prächtig blüht/ wird bald zutretten werden:
> Der jtzt so pocht vnd trotzt/ läst vbrig Asch vnd Bein/
> Nichts ist/ daß auff der Welt könt vnvergänglich seyn/
> Jtzt scheint des Glückes Sonn/ bald donnerts mit beschwerden.
> Der Thaten Herrligkeit muß wie ein Traum vergehn:

Solt denn die Wasserblaß/ der leichte Mensch bestehn?
Ach! was ist alles diß/ was wir vor köstlich achten!
Alß schlechte Nichtigkeit? als hew/ staub/ asch vnnd wind?
Als eine Wiesenblum/ die man nicht widerfind.
Noch wil/ was ewig ist/ kein einig Mensch betrachten!

Andreas Gryphius

Zwei ältere Frauen bleiben in der Nähe stehen, den Ortsplan weit aufgeschlagen in den Händen. Suchend. Ratlos. »Kennen Sie sich hier aus?« Nein. Wer könnte sich hier schon auskennen im Park der Toten.

Ich wandere weiter und stelle mir vor, dass ich unvermittelt vor deinem Grab stehe, Prediger. Ich setze mich ein wenig abseits der breiten Wege auf eine andere Bank und lese.

Ich, der Prediger, war König über Israel zu Jerusalem und richtete mein Herz darauf, die Weisheit zu suchen und zu erforschen bei allem, was man unter dem Himmel tut. Solch unselige Mühe hat Gott den Menschenkindern gegeben, dass sie sich damit quälen sollen. Ich sah an alles Tun, das unter der Sonne geschieht, und siehe, es war alles eitel und Haschen nach Wind. Krumm kann nicht gerade werden, noch, was fehlt, gezählt werden. Ich sprach in meinem Herzen: Siehe, ich bin größer geworden und habe mehr Weisheit gesammelt als alle, die vor mir gewesen sind zu Jerusalem, und mein Herz hat viel gelernt und erfahren. Und ich richtete mein Herz

darauf, dass ich lernte Weisheit und erkennte Tollheit
und Torheit. Ich ward aber gewahr, dass auch dies ein
Haschen nach Wind ist. Denn wo viel Weisheit ist, da ist
viel Grämen, und wer viel lernt, der muss viel leiden.

Aus Prediger 1

Alles eitel und Haschen nach Wind. Alles Wissen nur Wissen
von gestern. Alle Prominenz nur verblassende Erinnerung.
Egal, ob einer Bundeskanzler war oder schlichter Soldat, egal,
ob einer König war oder namenloser Weisheitssammler.

Weisheit! Selbst die droht zu verwittern wie die Steinmale, die
sich trotzig gegen das Vergessen stemmen.

Dabei berühren sie mich doch, deine weisen Gedanken, Prediger! Dabei haben sie doch die Jahrhunderte überlebt! Aber du
kennst wohl auch die Begrenztheit aller Weisheit. Was ist das
überhaupt? Ist Weisheit etwas anderes als Wissen?

Ich weiß mehr als du. Wir wissen mehr. Bis ins 19. Jahrhundert
hinein verdoppelte sich das Weltwissen etwa alle einhundert
Jahre. Jetzt, so sagt man, braucht es dafür nur noch ein Jahr. Wir
wissen. Oder besser: Wir können wissen. Aber sind wir weise?

Wohl kaum. Sonst müsste es anders aussehen auf unserem
Planeten. Wir wissen offenbar doch nicht so viel. Nicht das
wirklich Wichtige. Nicht das Lebensverändernde. Nicht das
Entscheidende.

Weisheit ist zu wissen, dass man nicht weiß. Oder wenigstens zu wissen, dass man nur begrenzt weiß. Sehr begrenzt. Das hat ja auch der griechische Philosoph Sokrates verstanden, dessen Werke du vielleicht gekannt hast, Prediger. Das hat auch der griechische Philosoph Sokrates verstanden, dessen Werke du vielleicht gekannt hast, Prediger: »Ich weiß nur, dass ich nicht weiß.«[1]

Was wissen wir über das Leben? Was über den Tod? Was wissen wir über den Menschen? Was über Gott? Was wissen wir über das Woher und Wohin des Lebens? Was über die Zeit? Hier tritt das Weltwissen seit Jahrtausenden auf der Stelle. Weshalb uns dieses uralte Buch noch heute so berührt. Seine Fragen sind unsere Fragen.

Weise ist, wer seine eigene Begrenztheit anerkennt. Die Grenzen seines Lebens, Denkens, Begreifens. Weise ist der Psalmdichter, der betet: »Herr, lehre uns bedenken, dass wir sterben müssen, auf dass wir klug werden.« (Ps 90,12)

Weise ist auch Hiob, der nach langen vergeblichen Versuchen, sein grausames Schicksal zu durchschauen, feststellt: »Darum hab ich ohne Einsicht geredet, was mir zu hoch ist und ich nicht verstehe.« (Hiob 42,3b)

Vielleicht erfährt nur der die Wirklichkeit jenseits seiner eigenen Wirklichkeit, der die Grenzen seines Denkens und Forschens akzeptiert. Hiob jedenfalls begegnet Gott und bekennt: »Ich hatte von dir nur vom Hörensagen vernommen; aber nun hat mein Auge dich gesehen.« (Hiob 42,5)

Weisheit ist fragen, manchmal vielleicht auch zweifeln an allem, was ich zu wissen glaube. Was ich erlebt und erfahren habe. Weisheit ist demütig sein. Bescheiden angesichts einer Wirklichkeit, die größer ist als mein Begriffsvermögen. Weisheit ist, die Welt und das Leben aus der Distanz zu betrachten, von oben quasi. Aus der Vogelperspektive, oder besser noch, aus der Himmelsperspektive.

Weisheit ist aber nicht sich heraushalten aus den Verwerfungen dieser Welt. Nicht, besser nichts tun als das Falsche. Weisheit ist nüchternes und gelassenes Selbstvertrauen und Menschenvertrauen und Gottvertrauen. Weisheit ist umkehren von falschen Wegen, ist sich korrigieren lassen und oft genug auch sich entschuldigen.

Menschen kommen, und Menschen gehen. Den Zeitpunkt dafür bestimmen sie nicht selbst. Sie sollten es wenigstens nicht tun. Weil das Leben Geschenk ist. Selbst das gebrochene Leben.

Nein, ich kenne den Zeitpunkt meines Abschieds nicht. Und das ist wohl gut so. Ich darf jeden Tag so leben, als wäre es der erste und der letzte und der einzige. Ich will das Leben hinter dem Leben suchen und entdecken und auskosten. So wird jeder einzelne Tag kostbar, jede Stunde, jede Sekunde. Kommen und Gehen wird im Himmel beschlossen. Weisheit ist für mich deshalb auch zu vertrauen. Auf den Himmel und auf ein ewiges Leben. Auf den Gott, in dessen Hand meine Zeit und alle Zeit steht und der in Christus meine Begrenztheiten geteilt hat, und in dessen Auftrag ich mich als kleines Licht in der Dunkelheit dieser Zeit zu bewähren habe.

Man mag die Vergänglichkeit beklagen. Man könnte sie aber auch feiern. Denn was wäre, wenn alles ewig so weiter ginge? Tag für Tag, Jahr für Jahr, Jahrhundert für Jahrhundert. Und wir mittendrin, gefangen in einer endlosen Zeitschleife. Immer dasselbe. Einkaufen und essen und trinken. Einschlafen und wieder aufwachen. Arbeiten und in den Urlaub fahren, Geburtstage feiern, Weihnachtseinkäufe erledigen, krank werden und wieder gesund. Immer so weiter. Hätte irgendetwas noch irgendeinen Wert?

Vielleicht gibt erst die Vergänglichkeit allem einen besonderen Charme. Ich weiß, dass es eben nicht ewig so weitergeht. Dass es kein Recht auf Wiederholung gibt. Dass jedes Fest das letzte sein könnte.

Ich weiß nicht, ob du an ein ewiges Leben geglaubt hast, Prediger. Ob du das denken konntest. Denn zu denken ist es eigentlich nicht. Ewigkeit erscheint uns wie eine endlos lange Zeit. Und darum wie eine Wiederholung des immer Gleichen. Immer wieder Manna essen und Hosianna singen – so jedenfalls hat sich das Ludwig Thomas »Münchner im Himmel« vorgestellt – und sich dabei entsetzlich gelangweilt. Noch so viel Himmel wird mit der Zeit langweilig. Aber der Himmel ist jenseits der Zeit. Ist zeitlose Ewigkeit. Im Himmel ist immer jetzt. Kein Dunst der Dünste mehr, sondern Licht, Lebenslust, Leichtigkeit.

Wir können nur Zeit denken. Das ist unser Dilemma. Selbst Gott können wir nur so denken, dass auch er der Zeit unterworfen ist, und sehen ihn darum als alten Mann mit einem langen weißen Bart. Aber Gott ist nicht in der Zeit. Er ist Ewigkeit. Und darum »forever young«, ewig jung. Obwohl auch das schon wieder ein aus der Zeit heraus gedachter Satz ist.

Alles ist eitel. Ja. Hier und heute. Aber die Eitelkeit macht irgendwann etwas ganz und gar anderem Platz. Du scheinst es zu ahnen, Prediger. Du weißt es vielleicht sogar. Deine Gedanken atmen Ewigkeit.

Immer wieder bleibe ich bei meiner kleinen Wanderung über den Ohlsdorfer Friedhof stehen und lese, was die Nachkommen auf die Grabsteine haben schreiben lassen. Auf einem lese ich:

»Ich weiß, dass mein Erlöser lebt!«

Noch einmal Hiob. (Hiob 19,25) Ich lese den Satz und höre ihn mit der wunderbaren Melodie aus dem »Messias« von Georg Friedrich Händel. Und während ich weitergehe, werden meine Schritte für ein paar Meter leichter. Ja, ich werde irgendwann sterben, wie auch der Erlöser, den Händel gemeint hat, sterben musste. Aber er ist auferstanden, und er lebt in alle Ewigkeit. Und wer sich an ihn hängt, wird auch in Ewigkeit leben. Das zu wissen ist vielleicht wahre Weisheit.

Ich verlasse den Ohlsdorfer Friedhof auf demselben Weg, auf dem ich ihn betreten habe. Der Weg hat Kraft gekostet. Er war eine Zeitreise. In die Vergangenheit. Und in die Zukunft. Unsere. Meine.

4

Wohlan, ich will Wohlleben
und gute Tage haben!

Was Leben ins Leben bringt

Das verschlägt mir den Atem. Und Grund ist nicht nur das trockenheiße Wüstenklima hier in Jordanien. Ich bin durch den Siq gelaufen, eine enge Schlucht, die sich zwischen steilen Felswänden in ein weites Tal windet, und stehe plötzlich vor einem monumentalen Palast. Fast 40 Meter hoch und 25 Meter breit. Als ich näher hinschaue, sehe ich: Das ist gar kein Palast. Es ist lediglich die Fassade eines Palastes, den geniale Baumeister vor etwa zweitausend Jahren hier in den Sandstein gemeißelt haben. Ich bin in Petra. Und den Palast nennt man Schatzhaus. Obwohl es wohl eher eine königliche Grabstätte ist. Ich habe schon viel darüber gelesen und manche Bilder bestaunt. Aber die Wirklichkeit übertrifft jedes Buch, jedes Foto, jeden Film.

Als wäre ich in eine fremde Wirklichkeit eingetreten, in eine fremde Zeit, zu fremden Menschen. Da geht es mir wie dem legendären Lawrence von Arabien, der 1926 schrieb: »Petra ist der herrlichste Ort der Welt.« Um gleich hinzuzufügen, man könne diesen Ort nicht beschreiben, man müsse ihn erleben. Recht hat er.

Die Nabatäer haben sich das hier ausgedacht. Ein arabisches Handelsvolk, das etwa 400 Jahre lang bis ins zweite nachchristliche Jahrhundert in dieser unwirtlichen Gegend gelebt, gearbeitet, residiert, beeindruckt hat.

Ja, auch beeindrucken wollten die Nabatäer. Darum diese monumentale Palastfassade gleich am Eingang des Felsentals. Die Nabatäer wussten offenbar auch schon: Für den ersten Eindruck gibt es keine zweite Chance.

Dabei liegt Petra gefühlt am Ende der Welt. »In the middle of nowhere« würden Amerikaner sagen. Ringsumher zerklüftete Bergmassive, ausgetrocknete Wadis. Wenn man Menschen trifft, dann vor allem Nomaden auf Kamelen oder in Jeeps. Oder Touristen, natürlich. Je näher man Petra kommt, desto mehr. Ich lese nach: In alttestamentlicher Zeit haben hier, so erzählt es die Bibel, die Edomiter gelebt. Ich bin also in Edom, einem Land, das reich geworden war, weil die großen arabischen Karawanenströme hindurchziehen mussten. Irgendwann sind die Nabatäer gekommen, haben gesehen und gesiegt und sich hier niedergelassen. Wann genau, weiß man nicht. Arabische Nomaden, Händler und wohl auch Räuber waren sie. Wer schwächer war als sie, wurde unterworfen und geplündert. Zu Land und zu Wasser. Manche waren wohl Piraten unten auf dem Roten Meer. Vor allem aber verdienten sie am lukrativen Zwischenhandel und an Zöllen. Denn alles musste hier durch: Gewürze aus Indien und Seide aus China, Elfenbein aus Afrika, Perlen aus dem Roten Meer und Weihrauch aus dem Süden Arabiens.

So wurden sie reich und immer reicher. Und wohnten sicher.

Der griechische Geschichtsschreiber Diodoros schreibt, dass sie deshalb die Wüste zu ihrer Festung gemacht haben. Die nämlich ist »wasserlos und unzugänglich für andere, sie aber finden hier Sicherheit, da sie unterirdische, verputzte Wasserreservoirs angelegt haben.« Die findet man in Petra, dieser wohl ungewöhnlichsten aller Hauptstädte, bis heute.

Hast du sie schon gekannt, Prediger? Hast du von ihr gehört oder gelesen? Oder haben sie Petra erst nach deiner Zeit aus dem Felsen gehauen?

Eine ganze Stadt ist Petra, nicht nur eine Eingangsfassade. Wohnhäuser, Gärten, Läden, Tempel und Felsengräber. Vor allem die. Wer wichtig gewesen war, wollte in Erinnerung bleiben, der Lauf der Zeit sollte nicht einfach über ihn hinweggehen können. Es war der trotzige Versuch, ein Stückchen Ewigkeit in die Zeit zu holen.

Ich stehe und schaue und staune. Was kluge und geschickte Planer, Statiker, Baumeister, Steinmetze und Wasseringenieure hier vor über 2000 Jahren geschaffen haben, würden wir Heutigen kaum noch einmal so hinbekommen – mit den Werkzeugen von damals.

Natürlich sehe ich vor allem Reste. Ruinen. Ich sehe das, was die, die nach den Nabatäern kamen, übrig gelassen haben von aller alten Pracht. Ich ahne mehr, als ich sehe. Aber moderne Computersimulationen können ja längst wieder vervollständigen, was zerstört worden ist. Wenigstens digital.

Reichtum. Macht. Ein bisschen Himmel auf der Erde. Du hast das auch gekannt, Prediger. Und erst recht der legendäre Salomo. Die folgenden Verse aber könnte auch ein nabatäischer Herrscher notiert haben:

Ich sprach in meinem Herzen: Wohlan, ich will Wohlleben und gute Tage haben! Aber siehe, das war auch eitel. Ich sprach zum Lachen: Du bist närrisch!, und zur Freude: Was machst du? Da dachte ich in meinem Herzen, meinen Leib mit Wein zu laben, doch so, dass mein Herz mich mit Weisheit leitete, und mich an Torheit zu halten, bis ich sähe, was den Menschen zu tun gut wäre, solange sie unter dem Himmel leben. Ich tat große Dinge: Ich baute mir Häuser, ich pflanzte mir Weinberge, ich machte mir Gärten und Lustgärten und pflanzte allerlei fruchtbare Bäume hinein; ich machte mir Teiche, daraus zu bewässern den Wald grünender Bäume. Ich erwarb mir Knechte und Mägde und hatte auch Gesinde, im Hause geboren; ich hatte eine größere Habe an Rindern und Schafen als alle, die vor mir zu Jerusalem waren. Ich sammelte mir auch Silber und Gold und was Könige und Länder besitzen; ich beschaffte mir Sänger und Sängerinnen und die Wonne der Menschen, allerlei Saitenspiel, und war größer als alle, die vor mir zu Jerusalem waren. Auch da blieb meine Weisheit bei mir. Und alles, was meine Augen wünschten, das gab ich ihnen und verwehrte meinem Herzen keine Freude, sodass es fröhlich war von aller meiner Mühe; und das war mein Teil von aller meiner Mühe. Als ich aber ansah alle meine Werke, die meine Hand getan hatte, und die Mühe, die ich gehabt hatte, siehe, da war es alles eitel und Haschen nach Wind und kein Gewinn unter der Sonne.

Aus Prediger 2

In Jerusalem wie auch in Petra waren es wohl vor allem römische Heere, die dem beinahe himmlischen Treiben ein allzu irdisches Ende bereiteten. Es gilt also auch für Paläste, für ganze Städte und Königreiche: Alles ist eitel. Vergänglich. Alles ist Haschen nach Wind.

Manchmal stehe ich in den Ruinen einstiger Metropolen und denke: Irgendwann wandern Heerscharen von Touristen auch durch die Ruinen unserer Städte und Dörfer und bekommen von klugen Reiseleitern erklärt, welche Wesen hier einst gelebt und gelitten haben, wovon sie geträumt haben, was ihre Verdienste und ihre Versäumnisse waren. Und wer sie dann irgendwann besiegt, ausradiert und für alle Zeit in die Geschichtsbücher verbannt hat.

Wir im Westen sind ja reich wie keine Menschheitsgeneration vor uns. Vermögensreich und kenntnisreich wie niemand zuvor. Auf dem Zenit des Lebenskomforts. Unerreichbar und unbesiegbar wie einst die Nabatäer. Bleibt das? Nichts bleibt. Spätestens seit dem russischen Überfall auf die Ukraine haben wir eine Ahnung davon bekommen. Unser Wohlstand ist Wohlstand auf Zeit. Und nicht zuletzt abhängig vom Wohlwollen der Mächte im Osten, die längst dabei sind, die westliche Vorherrschaft abzulösen.

Kommen und gehen – das ist der Lauf der Geschichte. Wir sind gekommen, als andere gegangen sind. Wir werden gehen, wenn andere kommen.

Wer's weiß, ist weise. Wer's bedenkt, befreit sich. Lässt sich befreien. Von der Gier, Ewiges schaffen zu wollen, das eigene Denkmal zu bauen, festzuhalten, was nicht festzuhalten ist. Er wird tun, was getan werden muss. Jetzt und zu seiner Zeit. Er wird die Zukunft nicht aus den Augen verlieren, die eigene nicht und nicht die seiner Kinder, aber er wird wissen, dass sein Lebensauftrag begrenzt ist, dass er nur für eine begrenzte Zeit mitbauen darf und mitbauen muss.

Wer's weiß, ist wohl auch getröstet. Kein Reich überdauert die Zeiten. Selbst das »tausendjährige« hat es gerade mal auf zwölf Jahre gebracht. Zum Glück.

Menschen und alles Menschliche sind zeitgebunden. Nur einer ist ewig. Gott. Die Antwort auf unsere Vergänglichkeit ist nicht, selber Gott werden zu wollen, sondern sich an den unbegrenzten, ewigen Gott zu halten. An den also, den Daniel, der Jude in den Diensten des babylonischen Königs Nebukadnezar, ein paar Jahrzehnte vor dir, Prediger, so beschrieben hat: »Seine Macht ist ewig und vergeht nicht, und sein Reich hat kein Ende.« (Daniel 7,14)

Das Reich Nebukadnezars hatte das neuassyrische Reich abgelöst, und es wurde später selbst abgelöst vom Persischen Großreich. »Tropfen am Eimer« nennt der Prophet Jesaja diese Reiche. (Jesaja 40,15) Sie können knechten. Sie können töten. Aber ihre Macht ist begrenzt. Nur ein Reich besteht ewig. Das Reich, das »nicht von dieser Welt ist«, wie Jesus sagt, und das darum unvergänglich ist. Das Reich ewigen Friedens, ewiger Gerechtigkeit, ewiger Barmherzigkeit. Das Reich Gottes.

Wer an dieses himmlische Reich glaubt, wird sich nicht an die Erde ketten lassen und kein willenloses Opfer von »Tollheit und Torheit« werden, nicht wahr, Prediger?

> Da wandte ich mich, zu betrachten die Weisheit und die Tollheit und Torheit. Denn was wird der Mensch tun, der nach dem König kommen wird? Was man schon längst getan hat. Da sah ich, dass die Weisheit die Torheit übertrifft wie das Licht die Finsternis. Der Weise hat seine Augen im Kopf, aber der Tor geht in der Finsternis.
>
> Aus Prediger 2

Was allerdings leicht zu intellektueller Überheblichkeit führen kann. Die Wissenden erheben sich über die Nichtwissenden, die Weisen über die Törichten. Aber ist der noch wissend, der sich überhebt? Er würde dadurch ja nur zeigen, dass auch sein Wissen allzu begrenzt ist, und seine Weisheit allemal.

Und ich merkte doch, dass es dem einen geht wie dem andern. Da dachte ich in meinem Herzen: Wenn es denn mir geht wie dem Toren, warum hab ich dann nach Weisheit getrachtet? Da sprach ich in meinem Herzen: Auch das ist eitel. Denn man gedenkt des Weisen nicht für immer, ebenso wenig wie des Toren, und in künftigen Tagen ist alles vergessen. Wie stirbt doch der Weise samt dem Toren! Darum verdross es mich zu leben, denn es war mir zuwider, was unter der Sonne geschieht, dass alles eitel ist und Haschen nach Wind. Und mich verdross alles, um das ich mich gemüht hatte unter der Sonne, weil ich es einem Menschen lassen muss, der nach mir sein wird. Denn wer weiß, ob er weise oder töricht sein wird und soll doch herrschen über alles, was ich mit Mühe und Weisheit geschafft habe unter der Sonne. Das ist auch eitel. Da wandte ich mich dahin, dass ich mein Herz verzweifeln ließ an allem, um das ich mich mühte unter der Sonne. Denn es muss ein Mensch, der seine Arbeit mit Weisheit, Verstand und Geschicklichkeit mühsam getan hat, es einem andern zum Erbteil überlassen, der sich nicht darum gemüht hat. Das ist auch eitel und ein großes Unglück. Denn was kriegt der Mensch von aller seiner Mühe und dem Streben seines Herzens, womit er sich abmüht unter der Sonne? Alle seine Tage sind voller Schmerzen, und voll Kummer ist sein Mühen, dass auch sein Herz des Nachts nicht Ruhe findet. Das ist auch eitel. Ist's nun nicht besser für den Menschen, dass er esse und trinke und seine Seele guter Dinge sei bei seinem Mühen? Doch dies sah ich auch, dass es von Gottes Hand kommt. Denn wer kann fröhlich essen und genießen, wenn nicht ich? Denn dem Menschen, der ihm gefällt, gibt er Weisheit, Verstand und Freude; aber dem Sünder gibt er Mühe, dass er sammle und häufe und es doch dem gegeben werde, der Gott gefällt. Auch das ist eitel und Haschen nach Wind.

Aus Prediger 2

Ein weiser Herrscher war wohl Joseph, von dem das Alte Testament erzählt. Ein hebräischer Sklave, der Kanzler wird in Ägypten, weil er Träume deuten kann und den Menschen in einer Hungerkatastrophe das Überleben sichert. Der weiß, was ein Mensch nicht wissen kann. Der seine Inspiration aus dem Himmel empfängt. Der sich als Mensch »unter Gott« begreift, als Herrscher, der noch einen Herrscher über sich hat.

Wenn ich seine Geschichte bedenke, erwacht eine tiefe Sehnsucht in mir. Solche Menschen wünschte ich mir in den Schaltzentralen dieser Welt. In den Hörsälen und in den Labors. In den Gerichtssälen und in den Redaktionen. Und in der Nachbarschaft. Solch ein Mensch möchte ich selber sein.

Aber: Auch jenen Joseph gab es wohl nur einmal. Nach ihm brach vieles von dem, was er aufgebaut hatte, wieder in sich zusammen. Menschliche Weisheit hat offenbar eine überschaubare Halbwertzeit. Und sie scheint chancenlos gegen Hybris, Machtwillen und Gier.

Doch genug! Genug gegrübelt und gejammert! Ja, Weltreiche kommen und gehen, das Leben wird gegeben und genommen. Ja, Ehre fällt zu und fällt ab. Ja, Reichtum wird gewonnen und verloren. Ja, Wissen macht einsichtig und weise, aber es ändert nichts daran, dass jeder den Abläufen des Lebens unterworfen bleibt.

Da bleibt nur eines: Jetzt leben! Jetzt genießen! Endlich leben! Jetzt tun, was mir vor Hände und Füße gelegt wird! Jetzt glauben und hoffen und lieben und feiern!

Siehe, was ich Gutes gesehen habe: dass es fein sei, wenn man isst und trinkt und guten Mutes ist bei allem Mühen, das einer sich macht unter der Sonne sein Leben lang, das Gott ihm gibt; denn das ist sein Teil. Denn wenn Gott einem Menschen Reichtum und Güter gibt und lässt ihn davon essen und trinken und sein Teil nehmen und fröhlich sein bei seinem Mühen, so ist das eine Gottesgabe. Denn er denkt nicht viel an die Kürze seines Lebens, weil Gott sein Herz erfreut.

Aus Prediger 5

Ist das vielleicht schon der Kern aller Weisheit? Tatsächlich habe ich ja nur dieses Jetzt. Das »Eben« ist Vergangenheit, nicht mehr veränderbar, das »Gleich« ist noch nicht da, und ich weiß nicht, in welcher Gestalt es mir begegnet.

Ich verharre allzu oft in einer Zeit, die ich nicht mehr oder noch nicht beeinflussen oder gar verändern kann. Ich hänge dem Gestern nach und sorge mich über das Morgen. Ich laufe durch Petra und denke an unser Hotel, das uns am Morgen ein nur allzu spärliches Frühstück serviert hat. Und überlege im nächsten Moment, ob der Besuch von Amman für morgen oder übermorgen geplant ist. Dann fällt mir eine unangenehme Begegnung ein, die mich kurz vor dem Abflug aufgewühlt hat. Und ich frage mich kummervoll, ob ich mir diese Reise angesichts der steigenden Energiepreise eigentlich leisten kann. Dabei verpasse ich diesen einen unwiederholbaren Moment. Diese eine exzellente Steinmetzarbeit, diesen einen erfrischenden Schluck Wasser, diese eine trotzige Rose von Jericho, die hinter einen unbehauenen Stein geweht worden ist, diesen einen Satz, den ein Reisegefährte gerade an mich richtet.

Fröhlich essen und trinken und aufbrechen und heimkommen. Fröhlich im Hier und Jetzt sein. Leben. Arbeiten. Schlafen. Feiern. Sekunde für Sekunde. Fröhlich und dankbar. Das ist Leben.

Du weißt es, Prediger, dass einem diese Haltung nicht zufällt. Man muss sich dafür entscheiden und sie üben. Jeden Tag neu.

5

Ein jegliches hat seine Zeit,
und alles Vorhaben unter dem Himmel
hat seine Stunde

Was wann dran ist

Ein Baum. Und noch einer. Und noch einer. Alle glänzen, strahlen, leuchten. In fast jedem Wohnzimmer steht einer. Es ist der 24. Dezember, Heiligabend, irgendwann in den Sechzigerjahren. Ich bin sieben oder so und komme aus dem Kindergottesdienst. Nun habe ich Oma und Opa abgeholt. Die feiern mit mir und meinen Eltern den Heiligen Abend, wie fast jedes Jahr. Jetzt stiefeln wir durch die stille dunkle Stadt und zählen Weihnachtsbäume. »Da!« »Und da!«

Durch die Fenster sieht man, wie die Stuben in der Stadt vom warmen Licht der Wachskerzen an den Tannenbäumen gemütlich erleuchtet sind. Alle haben darauf gewartet, nicht nur die Kinder. Und niemand wäre auf den Gedanken gekommen, den

Baum schon am Vorabend oder gar im Vormonat leuchten zu lassen. Er ist schließlich der *Weihnachtsbaum.* Sein Auftritt ist heute.

Wer Weihnachtsbäume schon in der Adventszeit ins Wohnzimmer stellt und sie Abend für Abend leuchten lässt, viele Wochen lang, nimmt ihnen den Glanz des Besonderen. Ihnen. Und sich selbst.

Heinrich Böll schrieb einmal eine ziemlich schräge Geschichte über eine alte Frau, die wollte, dass immer Weihnachten ist, und die deshalb den Baum das ganze Jahr über geschmückt in der Stube stehen ließ, wo der künstliche Weihnachtsengel auf der Spitze Tag für Tag »Frieden! Frieden!« krächzte. Auf den aber wollte schon längst niemand mehr hören ...

Was man immer hat, hat man irgendwann gar nicht mehr, weil man sich dran gewöhnt hat, es nicht mehr sieht und hört – und nicht mehr wertschätzt.

Ich habe viele Jahre vor der Wiedervereinigung einmal einen Bericht über zwei junge Frauen in der DDR gehört. Fromm waren sie nicht gerade, und trotzdem war der Weihnachtsabend für sie ein ganz besonderer Abend. Sie haben ihn gefeiert. Wie? Mit Halberstädter Würstchen und Radeberger Pilsener. Beides hatten sie Wochen vorher in einer jener berühmten Schlangen, die sie augenzwinkernd »sozialistische Wartegemeinschaft« nannten, erstanden. Beides waren seltene Ausnahmegenüsse.

Das war ihr Fest.

Feste sind Feste, weil sie nicht der Alltag sind. Bei uns hingegen ist fast jeder Alltag ein Festtag. Wir können uns auch im Alltag das leisten, was es früher nur zu Festen gab. Ja, wir sind reicher als früher. Aber in mancher Hinsicht vielleicht doch auch viel ärmer.

Dietrich Bonhoeffer schreibt: »Auf die größten, tiefsten, zartesten Dinge in der Welt müssen wir warten, da gehts nicht im Sturm, sondern nach den göttlichen Gesetzen des Keimens und Wachsen und Werdens.«

Während ich das schreibe, flattert die Werbung eines Versandhändlers in Haus: »Sommerschlussverkauf«. Ich schaue auf den Kalender. Wir schreiben den 20. Mai. Der Sommer hat nicht einmal begonnen.

Alles hat seine Zeit. Weihnachtsbäume und Jahreszeiten.

Ein jegliches hat seine Zeit, und alles Vorhaben unter dem Himmel hat seine Stunde: Geboren werden hat seine Zeit, sterben hat seine Zeit; pflanzen hat seine Zeit, ausreißen, was gepflanzt ist, hat seine Zeit; töten hat seine Zeit, heilen hat seine Zeit; abbrechen hat seine Zeit, bauen hat seine Zeit; weinen hat seine Zeit, lachen hat seine Zeit; klagen hat seine Zeit, tanzen hat seine Zeit; Steine wegwerfen hat seine Zeit, Steine sammeln hat seine Zeit; herzen hat seine Zeit, aufhören zu herzen hat seine Zeit; suchen hat seine Zeit, verlieren hat seine

Zeit; behalten hat seine Zeit, wegwerfen hat seine Zeit; zerreißen hat seine Zeit, zunähen hat seine Zeit; schweigen hat seine Zeit, reden hat seine Zeit; lieben hat seine Zeit, hassen hat seine Zeit; Streit hat seine Zeit, Friede hat seine Zeit.

Aus Prediger 3

Alles hat seine Zeit. Alles andere ist Un-Zeit. Martin Buber und Franz Rosenzweig sagen es in ihrer jüdischen Übersetzung so:

»Für alles ist eine Zeit, eine Frist für alles Anliegen unter dem Himmel.«

Eine Frist. Die kann ablaufen.

Es gibt die richtige Zeit und die falsche, den passgenauen Zeitpunkt und den falschen. Kairos nennen ihn die griechisch schreibenden Autoren des Neuen Testaments. Kairos ist der günstige Zeitpunkt, der von Gott geschenkte Augenblick, den man nicht verpassen sollte, weil er vermutlich nicht wiederkehrt. Arbeiten, wenn arbeiten dran ist, aufhören, wenn aufhören dran ist, feiern und genießen, wenn feiern und genießen angesagt sind. »Wenn Fasten, dann Fasten, wenn Rebhuhn, dann Rebhuhn« – so hat es die weise Ordensfrau Teresa von Avila im 16. Jahrhundert gesagt. Du, Prediger, sagst es so:

Man mühe sich ab, wie man will, so hat man keinen Gewinn davon. Ich sah die Arbeit, die Gott den Menschen
gegeben hat, dass sie sich damit plagen. Er hat alles
schön gemacht zu seiner Zeit, auch hat er die Ewigkeit
in ihr Herz gelegt; nur dass der Mensch nicht ergründen
kann das Werk, das Gott tut, weder Anfang noch Ende.
Da merkte ich, dass es nichts Besseres dabei gibt als
fröhlich sein und sich gütlich tun in seinem Leben.

Aus Prediger 3

Seit dem Ukraine-Krieg ist viel von einer Zeitenwende die Rede.
Ja, es gab eine lange Zeit des Friedens und des Wohlstands, wenigstens bei uns. Im Februar 2022 ist eine andere Zeit angebro-
chen, eine Zeit des Kriegs und der Sorge vor Verlusten, eine Zeit
der Unsicherheit und des Verzichts. Viele von uns sind schockiert. Dabei ist es geradezu ein Kennzeichen der Zeit, dass sie
sich wendet. Frieden hat seine Zeit. Aber eben auch Krieg. So
schmerzhaft uns diese Wendung erscheint. Was trösten kann,
ist die Aussicht, dass sich die Zeit wieder wenden wird. Und
wieder und wieder. Dein Buch ernüchtert, lieber Prediger. Aber
es tröstet auch.

Mancher empfindet in diesen Monaten, dass alles immer
schlimmer wird, lebensbedrohlicher. Die Kulmination der
Weltkrisen macht uns Angst. Zu Recht. Aber, nein, es wird
nicht immer alles schlimmer. Manches wird auch besser. Nur,
dass unsere Nachrichtenportale selten darüber berichten. In
Zeiten des ungebremsten Nachrichtentsunamis versucht jeder,

den anderen mit noch schrilleren, aufmerksamkeitsheischenden Nachrichten zu übertönen. Nicht zuletzt, um möglichst so viele Leser, Zuhörer, Zuschauer zu binden, dass die werbetreibende Wirtschaft gar nicht anders kann, als hier Werbezeiten oder -flächen zu kaufen. Der alte journalistische Grundschatz, dass nur die schlechten Nachrichten gute Nachrichten sind, feiert fröhliche – oder wohl doch eher traurige – Urständ.

Aber ich will mir den Blick nicht verstellen lassen für die schönen und guten Dinge des Lebens. Für manch kleinen, aber feinen Fortschritt beim Artenschutz und beim Lebensschutz. Für manch unerwartetes Engagement für Mensch und Tier und Natur. Für Liebe und Verständnis und Entgegenkommen in meinem kleinen Alltag. Es ist nicht alles schlecht, es wird nicht alles schlechter. Zeitenwende ist immer.

Alles hat seine Zeit. Das ist wohl der Cantus Firmus deines Buches, Prediger. Die richtige Zeit erkennen. Tun und lassen, was dieser Zeit gemäß ist. Ihre Vergänglichkeit akzeptieren und sie darum nicht mit der Ewigkeit verwechseln. Sich weder in guten noch in schlechten Zeiten verlieren. Mal mit Matthias Claudius schreien, klagen: »'s ist Krieg! 's ist Krieg! O Gottes Engel wehre, und rede du darein! 's ist leider Krieg – und ich begehre nicht, Schuld daran zu sein!« Mal mit ihm danken und singen: »Wie ist die Welt so stille und in der Dämmrung Hülle so traulich und so hold. Wie eine stille Kammer, wo ihr des Tages Jammer verschlafen und vergessen sollt.« Mal mit ihm wehklagen: »Ach, es ist so dunkel in des Todes Kammer«, mal mit ihm bei der Silberhochzeit jubeln: »Heut aber schlag ich aus dem Sinn mir alles Trübe, vergesse allen meinen Schmerz; und drücke fröhlich dich, mit voller Liebe, vor Gottes Antlitz an mein Herz.«

»Wer zu spät kommt, den bestraft das Leben.« Nein, so hat das der damalige russische Präsident Gorbatschow wohl nie gesagt. Aber recht hätte er trotzdem gehabt. Ich ergänze: Auch, wer zu früh kommt, muss mit negativen Folgen rechnen.

Den richtigen Zeitpunkt verpassen kann sogar tödlich sein. Das Buch Ester erzählt im Alten Testament von einer jungen jüdischen Frau, die mit dem persischen König Xerxes verheiratet wird. Als sie von ihrem Onkel Mordechai erfährt, dass ihr Volk als Opfer einer Verschwörung komplett ausgerottet werden soll, überlegt sie, was zu tun ist. Ihr Onkel will, dass sie unverzüglich beim Herrscher interveniert. Sie aber wartet. Sie fordert Mordechai auf, alle Juden drei Tage lang fasten und beten zu lassen. Sie selber wolle das auch tun mitsamt ihren Dienerinnen. Erst danach versucht sie, beim König vorzusprechen. Das aber ist nicht so einfach. Man darf nämlich nur zum König, wenn man gerufen wird. Diese Regel am Hof gilt auch für die Ehefrau. Nach drei Tagen aber wagt sie sich in den Hof, an dem der Palast des Königs liegt. Er sieht sie und, weil er gerade gnädig gestimmt ist, lässt er sie reden. Sie sagt aber nicht, was sie auf dem Herzen hat. Stattdessen lädt sie ihn zusammen mit Haman, der die Verschwörung gegen die Juden angezettelt hat, zu einem kleinen Festmahl ein. Der König kommt, und als er so richtig weinselig ist, fragt er sie nach ihrem Wunsch. Sie behält ihn aber weiter für sich und lädt die beiden noch einmal ein. In der folgenden Nacht kann Xerxes nicht schlafen. Er lässt sich aus dem Protokollbuch der vergangenen Wochen vorlesen und entdeckt, dass er ganz und gar vergessen hat, den Juden Mordechai zu belohnen, weil der ein paar Wochen zuvor ein Mordkomplott gegen ihn aufgedeckt hatte. Am Abend dann, beim zweiten Festmahl für Xerxes und Haman rückt Ester mit der Sprache heraus – Xerxes ist vorbereitet und durchschaut Hamans böses Spiel. Und er stoppt augenblicklich alle Vorgänge, die zur Vernichtung des jüdischen Volkes geführt hätten.

Es war der richtige Zeitpunkt, der Kairos. Hätte Ester einen Tag zu früh geredet oder einen Tag zu spät – alles wäre vollkommen anders ausgegangen.

Alles hat seine Zeit. Alle haben ihre Zeit. Und doch ahnen wir Menschen, dass es mehr geben muss als diese wechselnden Zeiten. Wir tragen die Ewigkeit im Herzen, schreibst du, Prediger. Zeit gehört zur Welt der Menschen, Ewigkeit beschreibt die so ganz und gar andere Welt Gottes.

Das Ewige. Der Ewige. Nicht den Zeitläuften unterworfen. Nicht ihren Moden und Launen. Ein alter liturgischer Gesang beschreibt es so: »Heilig bist du, Ursprung der Welt. Heilig bist du, Ziel aller Wege. Heilig bist du, ewige Gegenwart.«

»Ich bin, der ich bin!« So stellt er sich dem fragenden Mose in der Wüste vor. Jahwe auf hebräisch – dieser geheimnisvolle Name, der sich im Grunde nicht in menschliche Worte übersetzen lässt, bedeutet eben auch das: »Ich bin schon immer. Ich bin in alle Ewigkeit. Und ich bin für euch Menschen da.«

Umso unglaublicher ist die Kernbotschaft des Neuen Testaments: Der Ewige kommt in die Zeit, bekommt eine Frist zum Leben, wird geboren wie ein gewöhnlicher Mensch und muss sterben. Er kommt zum richtigen Zeitpunkt, »als die Zeit erfüllt war ...« (Galater 4,4), also als der Kairos da war. Nicht früher, nicht später, und darum weder verfrüht noch verspätet. Der Kairos platzt in den Kosmos. Die Ewigkeit berührt die Zeit.

Auf diese Zeit will ich achten. Und ich will sie achten, wenn sie kommt. Wenn sie der Ewige schickt. Sie kommt von ihm.

Würde sich nicht unser Verhältnis zur Zeit ändern, wenn wir das häufiger bedenken würden? Würden wir nicht ruhiger und entspannter leben? Gelassener? »Herr, meine Zeit steht in deinen Händen«, betet der Dichter von Psalm 31. Und sagt damit: Meine wechselnden Zeiten kommen aus Gottes Ewigkeit. Aus seiner ewigen Barmherzigkeit.

Es ist wohl weise, immer wieder innezuhalten und sich daran zu erinnern. Ein Gebet sprechen. Ein biblisches Wort aus der Ewigkeit lesen und meditieren. Und dabei immer wieder erleben, dass so all das, was mich bedrängt und bedrückt, und all das, wonach ich mich verzehre, einen anderen Platz zugewiesen bekommt. Denn alles ist befristet, vorläufig, vergänglich.

Ich will in solchen stillen Momenten auch immer wieder fragen, ob ich eigentlich in der Zeit lebe, die gerade für mich dran ist.

Ist es Zeit, zu säen oder zu ernten, aufzubauen oder abzubauen, aufzutreten oder abzutreten, zu warten oder zu handeln, Altes zu verteidigen oder Neues zu wagen, stillzuhalten oder aufzubegehren, zu reden oder zu schweigen? Das erfordert ein hohes Maß an Achtsamkeit und Selbstreflexion. Und an Gottreflexion.

6

Denn ein jeder Mensch, der da
isst und trinkt und hat guten Mut
bei all seinem Mühen, das ist
eine Gabe Gottes

Was mich hier und jetzt leben lässt

So ungefähr muss er ausgesehen haben, der alte Almbauer, den wir als Alm-Öhi kennen, Großvater der legendären Heidi. Er soll ja auch nicht weit von hier gelebt haben: auf einer Alp oberhalb von Maienfeld im Schweizer Kanton Graubünden. So jedenfalls erzählt es Johanna Spyri. Zuletzt hat ihm der wunderbare Bruno Ganz ein filmisches Denkmal gesetzt. Mein Alm-Öhi hütet das Vieh auf einer Alp oberhalb von Davos. Im frühen Sommer ist er hier heraufgezogen. Nun, im Spätsommer, geht es zurück ins Tal. Wie jedes Jahr.

Er blickt ein bisschen verständnislos, als einer ihn fragt, ob er sich darauf freue, zurückzuziehen ins wirkliche Leben. Nach einer Weile sagt er: »'s isch die Ziit!« Das würde er vermutlich auch sagen, wenn ich ihn vor dem Auftrieb gefragt hätte.

's isch die Ziit. Es ist die Zeit. Was fragst du so dumm?

Denn ein jeder Mensch, der da isst und trinkt und hat guten Mut bei all seinem Mühen, das ist eine Gabe Gottes.
Aus Prediger 3

Es ist ja auch wirklich eine dumme Frage. Die Frage des Städters. Die Frage eines Menschen der Multioptionsgesellschaft, der immer und überall eine Wahl zu haben glaubt.

's isch die Ziit! Und weise ist, wer sie willkommen heißt und ihr nicht die Tür weist, weil ihm der Sinn gerade nach anderem steht.

Das muss vor allem ich immer wieder bedenken. Denn immer beschäftigt mich die Frage: Ginge es nicht auch anders? Könnte ich jetzt nicht auch an einem anderen Platz sein? Mit anderen Menschen? Dabei weiß ich: Es wäre erheblich kräfteschonender, wenn ich mich fügen würde. Mich nicht sehnen würde zurück in Zeiten, deren Zeit abgelaufen ist, oder nach vorne in Zeiten, deren Zeit noch nicht gekommen ist. Allzu oft verpasse ich die Schönheiten des Augenblicks, weil ich vergangenen Augenblicken nachtrauere. Allzu oft verpasse ich Menschen, die meinen Weg kreuzen, weil ich mich nach Menschen sehne, denen ich schon lange nicht mehr begegne. Allzu selten sage ich, was gerade jetzt gesagt werden sollte. Allzu selten packe ich an, was mir jetzt vor die Füße gelegt wird, weil ich von anderen, vielleicht bedeutenderen Aufgaben träume. Oder mich vor ihnen ängstige, was ich tun sollte.

Ja, ängstigen. Schon immer plane ich die kommenden Monate und Jahre. Was will ich wann tun, wann will ich wo sein, was will ich bis wann erledigt haben, wo will ich oder das Unternehmen, das ich leite, in zwei oder drei oder fünf Jahren sein? Der Kalender war immer gut gefüllt, und er ist es bis heute. Immer wieder checke ich darum die nächsten Wochen und Monate, vor allem dann, wenn ich einen weiteren Termin eintragen möchte. Manchmal passiert dann Folgendes: Jeder Termin, der mir in meinem Kalender begegnet, bläht sich auf, beansprucht einen prominenten Platz in meinen Gedanken und Gefühlen, macht sich breit, als wäre er der wichtigste überhaupt. Bis er von einem zur Seite geschubst wird, der sich noch energischer aufbläht. Am Ende bilden sie eine finstere Parade, die mich zu überrollen droht. Und die Seele bäumt sich auf: Wie, bitteschön, soll ich das denn alles schaffen! Wie und wann! Und ich verfalle in eine mentale Schockstarre.

Ich will es lernen: Du darfst planen, du musst es sogar, aber lass in der Zukunft, was in die Zukunft gehört. Sag mit dem Apostel Jakobus: Wenn Gott will, werden wir dies und das tun. Du weißt nicht, ob alles so kommt, wie du es dir im Moment vorstellst. Du weißt nicht einmal, ob du selbst noch daran beteiligt sein wirst. Tu ganz und gar, was dir heute vor die Füße gelegt wird. Leb jetzt. Mach aus deinem Terminkalender einen Adventskalender. Öffne jeden Tag nur ein Türchen und sei gespannt, was sich dahinter verbirgt. Öffne heute nur das für heute. Das Fenster für morgen öffne dann morgen und das für übermorgen übermorgen.

In einem Lied habe ich einmal von der Begegnung mit einem lebensweisen Mann erzählt:

Er war ein Weiser, ohne Frage,
ein Mann voll Güte und Geduld.
Man hörte ihn wohl niemals klagen,
und wo er war, schwieg der Tumult.
Ich ging ihn fragen eines Tages,
denn wie ich lebte, war nicht toll:
»Nenn dein Geheimnis, komm', verrat es,
wie man das Leben leben soll!«

Und er sagte:
»Wenn ich liege, dann lieg' ich,
wenn ich stehe, dann steh' ich.
Wenn ich gehe, dann geh' ich,
wenn ich renne, ja, dann renn' ich!«

»Ist das schon alles, guter Mann?
Das scheint aber reichlich schlicht.
So lebt doch jeder, schau mich an,
oder verstehe ich dich nicht?
Natürlich lieg ich, wenn ich liege,
natürlich geh ich, wenn ich geh.

Und just das tu ich! Wiedersehn!
Doch du willst noch was sagen, wie ich seh.«

Und er sagte:
»Wenn du liegst, Freund, dann stehst du.
Und kaum stehst du, schon gehst du.
Wenn du gehst, Freund, dann rennst du,
und das Leben, das verpennst du!«

Die Angst vor morgen lähmt dich heute,
du fragst dich, ob du alles schaffst.
Und sagst, du hast am meisten Freude
an dem, was du noch gar nicht hast.
Du hörst nicht zu, wenn einer redet,
du denkst an das, was gleich noch kommt.
Lebst dreimal durch, was noch nicht dran ist,
und bist längst weiter, wenn's dann kommt.

Wenn du liegst, Freund, dann stehst du.
Und kaum stehst du, schon gehst du.
Wenn du gehst, Freund, dann rennst du,
und das Leben, das verpennst du!

Jürgen Werth

In der Mitte des 19. Jahrhunderts verabredete sich eine Frau mit ihrem Cousin in Canterbury. Weil das ziemlich genau in der Mitte zwischen ihren beiden Wohnorten lag und gut mit dem Zug zu erreichen war. Sie wollten sich bei der Kathedrale treffen, so hatten sie das per Brief verabredet. Sie war pünktlich. Aber er kam und kam nicht. Während sie wartete, sprach sie ein freundlicher Mann an und bot an, ihr die Kathedrale zu zeigen.

Sie willigte ein. Wenn sie schon mal da war. Er war ungeheuer kenntnisreich und konnte interessant erzählen, doch die Frau war in Gedanken nur bei ihrem Cousin: Hoffentlich ist ihm nichts zugestoßen!

Am Ende der Führung gab ihr der Mann seine Visitenkarte. Die steckte sie achtlos in die Manteltasche. Erst auf dem Rückweg im Zug nahm sie sie zur Hand und las: Charles Dickens.

Einer der bedeutendsten Schriftsteller ihres Landes, Autor des Weltbestsellers »Oliver Twist«, hatte ihr die Kathedrale von Canterbury gezeigt – und sie hatte weder ihn noch die Kathedrale so richtig wahrgenommen.

Mancher spricht zuweilen von der Zeit, die ihm oder ihr »verordnet« sei. Das sind dann meist ungeliebte Zeiten. Zeiten des Krankseins, der Trauer, der Arbeitslosigkeit. Zeiten des scheinbaren Nichtstuns, des Nichtstunkönnens auch. Die verordnete Zeit ist dann wie eine ungeliebte Therapie. Aber wer so redet, drückt damit ja auch eine Hoffnung aus: Diese Zeit soll helfen und heilen, und sie wird es auch.

Ich denke an einen Freund, der seit Wochen ans Bett gefesselt ist. Ans Haus. An sein Dorf. Früher ist er viel unterwegs gewesen, hat wichtige Menschen getroffen und beraten, war selbst ein wichtiger Mensch. Nun ist er dankbar für jede kleine Whatsapp-Nachricht, für jeden Anruf, für jeden Besuch, für jedes Gebet. Auch das ist weniger geworden im Laufe seiner Auszeit. Mitleid erschöpft sich allzu rasch. Es braucht die Ausdauer eines Marathonläufers, wenn man einen Kranken über viele Wochen und Monate begleiten will. Vor allem dann, wenn man ahnt, dass es wohl nie wieder so sein wird wie früher.

Verordnete Bettzeit – aber wozu? Man wird sich wohl am Versuch, diese Frage zu beantworten, hoffnungslos überheben.

Mancher schreit zu Gott. Aber der schweigt. Und wir sollten am besten gar nicht erst wagen, an seine Stelle zu treten und naseweise Interpretationen zu versuchen. Verordnete Zeiten muss man aushalten – und darauf vertrauen, dass Gott sie mit uns aushält. Der Gott, der uns in Jesus Christus ganz nahe gekommen ist, und den man den Schmerzensmann nannte.

Man könnte verzweifeln am Leben, auch an Gott, wenn es nicht diesen Trost gäbe: Er weiß, er versteht. Er hat diese Zeit geschickt, verordnet. Warum, lässt sich nicht ergründen. Aber er schickt sie nicht nur. Er gibt sie persönlich ab. Und bleibt gleich da.

Und wir dürfen wissen: Es kommen auch wieder andere Zeiten. Und irgendwann später, am Ende der Zeiten, wird derselbe Gott alle Tränen abwischen. Und wir staunen und strahlen mit dem Himmel um die Wette und werden nicht mehr fragen.

Wer auf die Alp wandert, wandert auch wieder hinunter. Wer hinunterwandert, wandert auch wieder hinauf. Solange Gott es schenkt. Ich will beim Hinaufgehen nicht vom Abstieg träumen. Und beim Abstieg nicht vom erneuten Aufstieg. Ich will in der Zeit sein, in meiner Zeit. Ich will ganz und gar da sein. Präsent. Gegenwärtig. Egal, ob ich die Zeit als geschenkt oder als verordnet empfinde. Ich will sie nicht versäumen. 's isch die Ziit. Es gibt keine andere.

7

Wiederum sah ich alle, die Unrecht
leiden unter der Sonne, und siehe, da
waren Tränen derer, die Unrecht litten
und keinen Tröster hatten

Und die ihnen Gewalt antaten,
waren so mächtig, dass sie keinen
Tröster hatten

Was tröstet

Der letzte Tag. Blauer Himmel über Auschwitz. Noch einmal
stehen wir an den Gleisen, die ins Vernichtungslager Birkenau führen. Schweigend. Jeder mit einer blutroten Rose in der
Hand. Wir hören Verse aus Psalm 22. Verse, die Juden seit Jahrtausenden in der Stunde ihres Todes beten. Auch Jesus. Hier
sind sie hunderttausendfach herausgeschrien worden: »Mein
Gott, mein Gott, warum hast du mich verlassen?« Aber auch:

»Denn des Herrn ist das Reich, und er herrscht unter den Völkern. Ihn allein werden anbeten alle Geschlechter der Völker. Ihn allein werden anbeten alle Großen auf Erden.«

Ein letztes Mal verneigen wir uns. Wortlos. Und legen unsere Rose ins Schotterbett.

Auschwitz, Oświęçim. Fast 200 Hektar Grauen. Grausamkeit. 1,5 Millionen Menschen sind hier mit eiskalter Präzision gequält, gefoltert und ermordet worden. Viele Hunderttausend alleine aus Ungarn. Der größte Friedhof Europas, vielleicht der Welt. Wir haben das Stammlager besucht und, einen Tag später, auch dieses Vernichtungslager. Wir nehmen uns Zeit, wir brauchen Zeit. Das, was hier geschehen ist, ist nicht fassbar. Nicht an einem Tag. Auch nicht an mehreren.

Immer wieder fällt mir ein Satz aus der Todesfuge des Lyrikers Paul Celan ein: »Der Tod ist ein Meister aus Deutschland.« Celans Eltern waren in einem deutschen Zwangsarbeitslager umgekommen.

Ja, Deutschland. Unser Deutschland. Uns schaudert angesichts dieser mit deutscher Gründlichkeit und deutschem Ordnungssinn geplanten Massenvernichtungsindustrie. In einer der Baracken von Birkenau lese ich an den Deckenbalken: »Sei ehrlich!« »Sauberkeit = Gesundheit«. Und: »Halte Ordnung!« Geht's noch deutscher? Noch zynischer?

Es ist eine Reise ins dunkelste Kapitel der deutschen Geschichte. Zum Glück reisen wir in einer Gruppe. Wie könnte man diese Eindrücke alleine aushalten! Denn wir fühlen uns gestellt. Und wir stellen uns. Und formulieren, jede und jeder für sich, was wohl die entscheidende Botschaft dieses Ortes ist: Nie wieder darf so etwas passieren. Nie wieder nirgendwo!

Aber das ist wohl eine Illusion. Menschliche Hybris, Maßlosigkeit und Vermessenheit bestimmen auch heute unsere Wirklichkeit.

Geschichte und Gegenwart, Gestern und Heute. Es gibt kein Heute ohne Gestern und kein Morgen ohne Heute. Wir wissen: Heute sind wir es, die die Geschichte schreiben. Nicht nur unsere eigene kleine Lebensgeschichte. Wir schreiben mit an der Geschichte unseres Landes. Und an der der Welt.

Du bist dabei, Prediger.

Weiter sah ich unter der Sonne: An der Stätte des Rechts war gottloses Treiben, und an der Stätte der Gerechtigkeit war Gottlosigkeit. Da sprach ich in meinem Herzen: Gott wird richten den Gerechten und den Gottlosen; denn alles Vorhaben und alles Tun hat seine Zeit. Ich sprach in meinem Herzen: Es geschieht wegen der Menschenkinder, damit Gott sie prüfe und sie sehen, dass sie selber sind wie das Vieh. Denn es geht dem Menschen wie dem Vieh: Wie dies stirbt, so stirbt auch er, und sie haben

alle einen Odem, und der Mensch hat nichts voraus vor dem Vieh; denn es ist alles eitel. Es fährt alles an einen Ort. Es ist alles aus Staub geworden und wird wieder zu Staub. Wiederum sah ich alle, die Unrecht leiden unter der Sonne, und siehe, da waren Tränen derer, die Unrecht litten und keinen Tröster hatten. Und die ihnen Gewalt antaten, waren so mächtig, dass sie keinen Tröster hatten. Da pries ich die Toten, die schon gestorben waren, mehr als die Lebendigen, die noch das Leben haben. Und besser daran als beide ist, wer noch nicht geboren ist und des Bösen nicht innewird, das unter der Sonne geschieht.

Aus Prediger 3 und 4

Nein, dieses Grauen hast du nicht gekannt, nicht kennen können, nicht kennen müssen. Solche Gottlosigkeit im Namen einer nachtschwarzen »Vorsehung« hast selbst du dir nicht vorstellen können. Und das Gericht, dass du über der dir bekannten Gottlosigkeit erwartest, hat auch hier bislang nicht stattgefunden. Noch nicht. Findet es an anderen Orten statt, jenseits der Zeit? Die Bibel spricht immer wieder vom Gericht. Ich mag diese Rede nicht, zugegeben. Ich möchte lieber an einen Gott glauben, dem am Ende alles irgendwie recht ist. Aber kann es Gerechtigkeit geben ohne Gericht?

Gott ist barmherzig und gerecht. Er wird das Recht wiederherstellen. Er wird alles zurechtbringen. Wann und wo und wie, weiß ich nicht. Ich kann es mir nicht einmal vorstellen. Aber es wird kommen. Es muss kommen. Wer Menschen vernichtet, hat keinen Platz im Himmel.

Umgekehrt: Wer einen Menschen rettet, rettet die Welt. Wenigstens ein bisschen. Der jüdische Talmud jedenfalls sieht es so. Einen Tag nach unserem Besuch in Birkenau stehen wir in Krakau vor dem Haus von Oskar Schindler. In seiner Fabrik hat er nicht nur einen, sondern viele Juden vor dem Vernichtungslager gerettet.

Wir hören auch andere Geschichten, und sie tun unseren wunden Seelen gut. Zum Beispiel die von Joseph Tudyka. Im sorbischen Heidedorf Weißwasser hat er gelebt und gearbeitet. Hier gab es zu Beginn des vorigen Jahrhunderts zahlreiche Glasfabriken, in denen er als Hafenmacher gearbeitet hat. 1926 war er aus dem schlesischen Beuthen hierher gezogen. Häfen waren die großen Tongefäße, in denen die Rohstoffe geschmolzen wurden, aus denen das Glas hergestellt wurde. Die Arbeit war schwer, und sie belastete die Gesundheit.

Joseph Tyuka wohnte mit seiner Familie im Neuteichweg. Auf der anderen Straßenseite wurde 1944 ein kleines Außenlager des berüchtigten niederschlesischen Konzentrationslagers Groß-Rosen gebaut. Genau hier begegnete er Edith Sonnenberg, einer jüdischen Zwangsarbeiterin, die Ende 1944 auf dem Todesmarsch von Auschwitz nach Weißwasser geflohen war.

Er versorgte die junge, entkräftete Frau mit Decken, Nahrungsmitteln und Getränken, obwohl seine Familie selbst kaum genug zum Leben hatte. Als wenig später er und seine Familie evakuiert wurden, weil die Russen immer näher kamen, versteckte er sie in einem leer stehenden Haus und ließ ihr reichlich Nahrungsmittel zurück. Sie überlebte.

Joseph Tudyka wird heute, genau wie Oskar Schindler, in der Jerusalemer Holocaust-Gedenkstätte Yad Vashem als »Gerechter unter den Völkern« geehrt. Er hat einen Menschen gerettet. Und damit der Welt ein kleines Stück Würde zurückgegeben.

Aber wie lebt man weiter, wenn man das Grauen gesehen hat? Wie übersteht man all die dunklen Erinnerungen, die sich in nächtlichen Alpträumen austoben. Kann man jemals wieder unbeschwert fröhlich sein? Vielleicht in hellen Momenten. Aber wie in der Schwärze der Nacht? Ein Überlebender von Auschwitz sagte einmal: »Ich lebe zwei Leben. Eines am Tag, eines in der Nacht.«

Und trotzdem gilt es immer wieder, zu lachen, zu singen, zu tanzen und einfach weiterzuleben. Juden verstehen etwas davon. Weil sie das Leiden als Teil ihres Lebens begreifen lernen mussten. Viele ihrer seelenvollen Lieder, ihrer ausgelassenen Tänze sind auch ein trotziger Protest gegen Verfolgung und Unterdrückung, denen sie jahrhundertelang ausgeliefert waren.

Das ist vielleicht das, was die Verhaltenstherapeutin Marsha Lineman »radikale Akzeptanz« genannt hat: die Realität so anzunehmen, wie sie ist, Schmerz und Trauer eingeschlossen, die eigene Ohnmacht zu akzeptieren, Ausweglosigkeit und Antwortlosigkeit, sich nicht dagegen aufzulehnen, frei zu werden und sich neu für die Zukunft zu entscheiden.

So lachen und weinen wir beinahe gleichzeitig, als wir am Abend in Kazimierz, dem alten jüdischen Viertel von Krakau, ein Klezmer-Konzert besuchen. Geige und Klarinette singen und jubeln, weinen, kreischen und schreien Lebenslust, Todesverzweiflung und einen unvernichtbaren Glauben durch die Gassen und in den Himmel. Weil sie wissen: Dort werden wir gehört.

Später lesen wir Psalm 6 und hören ihn mit den Stimmen der Menschen, die ihn seit Jahrtausenden immer gestammelt und geschrien haben:

»Herr, du bist zornig auf mich. Aber nimm die Strafe von mir, schlag mich nicht so hart! Hab Erbarmen, Herr, mir ist so elend! Heile mich, Herr, ich habe keine Kraft mehr in den Gliedern! Ich weiß keinen Ausweg mehr. Wie lange noch, Herr? Lass ab von deinem Zorn! Rette mich! Hilf mir, du liebst mich doch! Wenn ich tot bin, kann ich dich nicht mehr preisen. Dort unten bei den Toten dankt dir niemand. Ich bin müde vom Stöhnen. Ich weine die ganze Nacht, mein Bett ist durchnässt von Tränen, meine Augen sind getrübt vor Kummer – und das alles wegen meiner Feinde. Macht, dass ihr fortkommt, ihr Verbrecher! Der Herr hat mein Weinen gehört. Er achtet auf mein Schreien, mein Gebet nimmt er an. Schimpf und Schande komme über meine Feinde! Ganz plötzlich sollen sie erschrecken und beschämt die Flucht ergreifen!«

Am nächsten Tag besuchen wir eine Messe in der Maximilian-Kolbe-Kathedrale in Auschwitz. Maximilian Kolbe war ein Franziskaner-Minorit, auch ihn haben die Nazis ins KZ gesteckt und umgebracht. Zu den grausamen Lagerregeln gehörte auch: Wenn einer versucht hatte, aus einem der Blocks zu fliehen, mussten dafür andere für mehrere Tage in den Hungerbunker. Wo es kein Licht gab und kein Brot und kein Wasser. Wo man nur stehen konnte, dicht aneinander gedrängt. Nicht sitzen, geschweige denn liegen. Als einer aus Kolbes Block die Flucht versucht hatte, wurden zehn Männer für dieses Martyrium ausgesucht. Einer wehrte sich mit Händen, Füßen und Tränen. Er habe eine Frau! Er habe doch Kinder! Man könne ihn doch nicht einfach sinnlos quälen! Er habe doch nichts getan! Maximilian Kolbe rührte dieser Mann so sehr, dass er sich an seiner Stelle in den Hungerblock einschließen ließ. Dort starben die ersten nach wenigen Tagen. Kolbe überlebte – wurde aber nach dem Ende der grausamen Haft mit einer Giftspritze getötet.

Maximilian Kolbe war 47. Die Katholische Kirche verehrt ihn heute als Heiligen. Er starb aus freien Stücken für einen anderen. Weil der Gottessohn es so vorgemacht hatte.

Der neutestamentliche Hebräerbrief nimmt seine und Tausende anderer Geschichten vorweg:

»Andere aber sind gemartert worden und haben die Freilassung nicht angenommen, auf dass sie die Auferstehung, die besser ist, erlangten. Wieder andere haben Spott und Geißelung erlitten, dazu Fesseln und Gefängnis. Sie sind gesteinigt, zersägt, durchs Schwert getötet worden; sie sind umhergezogen in Schafspelzen und Ziegenfellen; sie haben Mangel, Bedrängnis, Misshandlung erlitten. Sie, deren die Welt nicht wert war, sind umhergeirrt in Wüsten, auf Bergen, in Höhlen und Klüften der Erde. Diese alle haben durch den Glauben Gottes Zeugnis empfangen und doch nicht die Verheißung erlangt, weil Gott etwas Besseres für uns vorgesehen hat: dass sie nicht ohne uns vollendet würden. (Hebr 11,35-40)

Auschwitz lässt uns sprachlos zurück. Da ist nur diese eine Frage: Warum?

Manchmal sehe ich unser Leben wie einen Eisberg. Wir wissen, dass wir nur einen kleinen Teil von ihm wahrnehmen, nämlich den, der aus dem Wasser ragt, dass ein viel gewaltigerer Teil von ihm allerdings unter Wasser liegt. Wir sehen vom Leben das, was aus dem Wasser ragt, das Leben in der Zeit, in der Welt. Das andere sehen wir nicht, wir können es auch gar nicht sehen, aber wollen darauf hoffen: das Leben in der Ewigkeit. Beides aber gehört zusammen, bildet ein Ganzes. So kann ein Leben wohl selbst dann vollendet sein, wenn es auf dieser Erde jäh abgebrochen wird.

8

So ist's ja besser zu zweien als allein;
denn sie haben guten Lohn
für ihre Mühe

Fällt einer von ihnen, so hilft ihm
sein Gesell auf

Warum wir nicht alleine leben können

Die Berge waren erdrückend. Noch nie hatte ich so hohe Felsmassive gesehen. Auf eines waren wir hinaufgefahren, mit einer Seilbahn. Einen anderen Weg gab es nicht. Nun waren wir hier oben in einer fremden Welt aus Kuhglocken und Kümmelbrot. Jungscharlager. Mein erstes. Und ich fühlte mich verloren. So weit weg von zu Hause, so weit weg von den vertrauten Geräuschen, Gerüchen, Geschmäckern, so weit weg vom Leben.

Würde es jemals wieder zurückgehen? Runter ins Tal, rein in den Bus Richtung Zuhause?

Ich war elf und ich war abgrundtief heimwehkrank – trotz der 80 anderen Jungs. Aber die allermeisten kannte ich kaum. Ich fühlte mich verraten und verkauft und verlassen – obwohl ich meine Eltern überredet hatte, mich zu diesem Lager anzumelden. Aber ich hatte nicht ahnen können, wie unendlich lang drei Wochen sind.

Doch es gab Trost. Wenigstens einen. Der hieß Horst-Werner. Wir hatten mal im selben Mietshaus gewohnt. Da hatte ich ihn nicht einmal besonders gemocht. Aber in dieser trüben Seelenlage war ich nicht mehr allzu wählerisch. Horst-Werner war mein Lieblingsmensch, meine fleischgewordene Heimat. Ich sehe uns über die holprigen Bergpfade wandern, Seite an Seite. Und ich höre mich sagen, wie wunderbar es doch ist, wenn man in einer solchen Einöde einen Freund hat. Wie der kleine Tiger zum kleinen Bär in dem wunderbaren Janosch-Buch »Oh wie schön ist Panama«, das damals aber noch lange nicht geschrieben war.

Ich erinnere mich nicht, was Horst-Werner gesagt hat. Er hat mir auch nicht verraten, was er gefühlt hat. Er redete nicht so viel. Aber ich weiß seitdem, was es bedeutet, einen Freund zu haben. In den Bergen, in den Tälern und einfach überall.

Vor allem dann, wenn das Leben ernst macht. Zum Beispiel im KZ. Überlebende berichten immer wieder davon, wie wichtig solche fragilen Beziehungen in dieser Hölle waren. Der Südtiroler Politiker Friedl Vollger war einer von ihnen. Man hatte ihn ins Konzentrationslager Dachau gesteckt, weil er gegen die von Hitler und Mussolini ausgehandelte »Option« agitiert hatte, durch die möglichst alle Südtiroler aus dem ungeliebten Italien »heim ins Reich« umgesiedelt werden sollten. In seiner Autobiografie schreibt er: »Wenn man einen alten Häftling kannte, war man fürs erste einmal über Wasser.« Er suchte und fand einen, mit dem zusammen er studiert hatte.

»Am nächsten Tag rief mich der Blockälteste Bertl. In seiner Stube, der ersten im Block, stand Walter. Er war ohne Weiteres in den Quarantäneblock eingelassen worden. Die alten Häftlinge wussten nämlich die verschiedensten Wege, um die noch so strengen Vorschriften zu umgehen. Er kannte den Blockältesten sehr gut. Auch hatte er mir Brot mitgebracht. Er versprach, öfters nach mir zu sehen. Mit dem Besuch von Walter war ich aus der Zahl der namenlosen Nummern ausgebrochen.«[2]

Vollger hatte Glück: Nach »nur« einem Jahr wurde er entlassen.

Wie lebensbedrohlich Alleinsein ist, beschreibt auch der französische Schriftsteller Eric Emmanuel Schmitt in seinem autobiografischen Buch »Nachtfeuer«. Er ist mit einer kleinen Reisegruppe in der algerischen Sahara unterwegs. Auf den Spuren des Mystikers und Eremiten Charles de Foucauld. Als sie einen Berg hinabsteigen, setzt er sich von der Gruppe ab, läuft voraus,

»trunken vor Glück«, betrunken von der Wüste, berauscht von einem unbeschreiblichen Gefühl der Freiheit. Irgendwann stellt er fest, dass die anderen nicht nachkommen. Aber er kennt den Weg. Denkt er. Und erinnert sich plötzlich an seinen miserablen Orientierungssinn. Er schreibt:

»Plötzlich schaudere ich. Ob meine Gefährten bald kommen? Der Berg ist menschenleer. Wo bin ich entlanggegangen? Soll ich wieder hinaufsteigen? Ich blicke mich um und beginne zu zweifeln. Was sieht einem Felsen ähnlicher als ein Fels? … Schlagartig wird mir klar, dass ich den ganzen Nachmittag lang einer falschen Fährte gefolgt bin …«

Er ruft, aber nur sein Echo antwortet.

»Schon färbt sich die Sonne rot, und im nächsten Moment hat sie den Himmel leer zurückgelassen, das Licht erlischt, die Felswände treten in den Hintergrund. Ein heftiger, eisiger Wind beginnt brüllend über Schluchten und Canyons hinwegzubrausen. Dann stürzt er sich auf mich.«

Als kein Felsen mehr Schutz bietet, gräbt er sich ein Bett in den Sand und bedeckt sich mit Erde. »Da liege ich also auf dem Rücken wie ein Sterbender, das Gesicht dem Abendstern zugewandt … Sterben … Das ist das, was mich erwartet.«

In der Nacht, der vermeintlich letzten Nacht, hat er so etwas wie ein Erweckungserlebnis, das an die Bekehrung des französischen Naturwissenschaftlers Blaise Pascal erinnert. »Freude. Feuer. Die Kraft rast. Ich lasse mich von ihr mitnehmen. Sie bemächtigt sich meines Körper, meines Verstandes. Ich leuchte!«

Er fühlt sich wie entführt in eine andere Wirklichkeit. »Eine Gewissheit leuchtet über allem: Es gibt ihn. Wen? … Wer ist mein Entführer? Ich denke voller Zärtlichkeit an ihn …«

Irgendwann wird ihm klar, dass er die falsche Seite des Berges hinuntergelaufen ist. Und dass der Rückweg nur zurück über den Berg führt. Wird er das schaffen? Aber er ist durchströmt von ungeahnter Zuversicht.

»Mein Schicksal ist besiegelt: Entweder ich verlaufe mich erneut und sterbe als gläubiger Mensch; oder ich finde die Gruppe wieder und setze mein Leben als gläubiger Mensch fort. Ich bin mit beiden Möglichkeiten einverstanden und füge mich.«

Am Morgen wagt er den Wiederaufstieg. Ohne Nahrung. Ohne Wasser. Erschöpft. Irgendwie aber schafft er es auf den Gipfel und schleppt sich auf der anderen Seite des Berges nach unten. Da, endlich, erblickt er den Targi, der ihre Gruppe führt. Er hat ihn gesucht. Natürlich. Genau wie die anderen. Aber ihn nicht auf der anderen Seite des Berges vermutet. Schmitt taumelt ihm entgegen.

»Er streckte die Arme aus, und ich warf mich hinein.«

Das Wiedersehen ist ein Fest. Ist pures Glück. Nicht mehr verloren. Nicht mehr allein. Nicht mehr todgeweiht.

Alleinsein ist lebensbedrohlich. Du kennst das, Prediger.

Wiederum sah ich Eitles unter der Sonne: Da ist einer, der steht allein und hat weder Kind noch Bruder, doch ist seiner Mühe kein Ende, und seine Augen können nicht genug Reichtum sehen. Für wen mühe ich mich denn und gönne mir selber nichts Gutes? Das ist auch eitel und eine böse Mühe.

So ist's ja besser zu zweien als allein; denn sie haben guten Lohn für ihre Mühe. Fällt einer von ihnen, so hilft ihm sein Gesell auf. Weh dem, der allein ist, wenn er fällt! Dann ist kein anderer da, der ihm aufhilft. Auch, wenn zwei beieinanderliegen, wärmen sie sich; wie kann ein Einzelner warm werden? Einer mag überwältigt werden, aber zwei können widerstehen, und eine dreifache Schnur reißt nicht leicht entzwei.

Aus Prediger 4

Miteinander auf dem Weg – die Bibel erzählt viele Geschichten, die das bebildern. Da sind der alte Abraham und sein junger Sohn Isaak auf dem schwersten Weg ihres Lebens. Isaak ist die leibhaftige Erfüllung einer göttlichen Verheißung – kaum noch erhofft und schon gar nicht erwartet. Doch nun hat derselbe

Gott Abraham aufgefordert, diesen Sohn auf dem Berg Moriah zu opfern. Zum Glück kommt es dazu nicht – weil Gott es im letzten Moment verhindert. Aber das wissen die beiden noch nicht, als sie auf dem Weg sind. »Und gingen die beiden miteinander« schildert das Buch Exodus in der Luther-Übersetzung gleich an mehreren Stellen. Miteinander. Wenigstens das.

Miteinander gehen. Weinend. Lachend. Ins Unglück. Ins Glück. Jedenfalls nicht allein.

Wie die beiden Jünger, die nach der Hinrichtung ihres Meisters Jesus zurückwandern in ihr vertrautes Emmaus. Leergeglaubt und leergeweint – aber wenigstens nicht allein. Wie gut, dass sie einander haben! Wieviel besser noch, dass sich auf dem Weg ein geheimnisvoller dritter Mann zu ihnen gesellt, der ihnen erklärt, was geschehen ist. Es ist der auferstandene Jesus, der ihnen erst die Augen und dann das Herz öffnet für das Wunder der Auferstehung.

Miteinander auf dem Weg sein ist gut. Martin Buber sagt, dass der Mensch erst durch das Du zum Ich wird. Das Miteinander rettet und tröstet nicht nur, es gehört zum Menschsein, ja, es macht uns eigentlich erst zum Menschen.

Miteinander mit ihm auf dem Weg sein ist noch ungleich besser. Er hat's versprochen. »Ich bin bei euch alle Tage bis an der Welt Ende.«

Man muss es nur wollen. Beides.

9

Bewahre deinen Fuß, wenn du
zum Hause Gottes gehst, und komm,
dass du hörst

Warum wir die Stille brauchen

Es ist leise geworden in der alten Barockkirche des Weilburger Schlosses. Das Publikum schweigt gespannt. Plötzlich, wie aus dem Nichts, erklingen zarte Klarinettentöne. Fast nicht zu hören. Der Meister kommt. Giora Feidman, jüdischer Musiker von Weltrang, hat die Kirche beinahe unbemerkt durch eine Seitentür betreten. Giora Feidman, der auf seinem Instrument lachen und weinen, flüstern und schreien kann.

Heute flüstert er.

Und deshalb hört ihn das Publikum fast nicht.

Ein paar hundert Meter entfernt findet ein lautes Open Air Konzert mit ganz anderen Tönen statt. Schlichte Schlager mit albernen Texten. Erst jetzt, wo es still geworden ist, sind sie so richtig zu hören. Giora Feidman zögert, bricht ab und verlässt die Kirche. Was jetzt? Ist das Konzert zu Ende, noch bevor es eigentlich begonnen hat? Doch dann, nach bangen Sekunden, kommt er zurück. Beginnt erneut zu spielen. Zart. Flüsternd. Und allmählich drängen seine leisen Töne die laute Musik der Umgebung in den Hintergrund.

Am Ende dieses Eröffnungsstücks brandet kräftiger Applaus. Der Klarinettist tritt ans Mikrophon. Entschuldigt sich wegen des doppelten Anfangs. »Ich hatte keine Konkurrenz erwartet!«, sagt er augenzwinkernd. Das Publikum schmunzelt erleichtert. Und dann sagt er einen Satz, der lange in mir nachklingt: »Aber die Stille des Tempels ist lauter als der Lärm der Welt.«

Die Stille des Tempels. Die Stille der Kirche. Die Stille der Nähe Gottes. An diesem Abend ist sie mit allen Sinnen zu spüren. Weil ein Poet der Stille uns in eine andere Wirklichkeit lockt. Fels in der Brandung. Auge im Sturm. Wie gut das tut! Wie sehr wir das brauchen!

Auch er ist ein besonderer Poet der Stille: Carlos Martínez, spanischer Pantomime von Weltrang. Ein paarmal schon durfte ich mit ihm auf Tournee sein. Im Gegensatz zu mir braucht er keine Wörter, keine Töne. Und wird darum auf der ganzen Welt verstanden. Aber man muss sich auf ihn einlassen. Auf sein Gesicht, seine Hände, seine stummen Geschichten. »Die Stille wartet geduldig ab, bis jemand ihr das Wort erteilt«, schreibt er in einem seiner Bücher.

Auf seine Auftritte bereitet er sich mit einem immer gleichen Ritual vor. Er verschwindet dazu in die stille Abgeschiedenheit seiner Garderobe – für mindestens eine Stunde. Dort schminkt er sein Gesicht im klassischen Weiß der Pantomimen, und er modelliert Mund und Augenbrauen. Von Minute zu Minute verwandelt er sich, um später seine Zuschauer verwandeln und verzaubern zu können. In seinem Buch »Ungeschminkte Weisheiten« schreibt er:

»Sobald ich mein Gesicht weiß geschminkt habe, verschwindet meine Stimme aus meinem Körper, um der Stille meiner Kunst Raum zu geben. Ich habe es mir zur Regel gemacht, nicht mit dem Publikum zu sprechen, solange mein Gesicht geschminkt ist. Dann lasse ich meine Muskeln und Sehnen sprechen, die sich in einer ganz anderen Sprache ausdrücken: der der Gesten und des Mienenspiels ... Einige von Ihnen mag es überraschen, aber ich halte mich für einen redseligen Menschen, der sich in der Garderobe schminkt, damit es gleichsam von selbst still wird in ihm. Im selben Maß, wie mein Gesicht hinter dem Weiß meiner Schminke verschwindet, merke ich, wie die Wörter verklingen, um einer neuen Art des Sprechens Raum zu geben.«[3]

Es ist wohl so: Nur wer selber still geworden ist, kann anderen Stille schenken, sie gleichsam stillen.

Aber diese Stille ist nicht billig zu haben. Manchmal muss man sie sich gegen lärmende Unterhaltungsmusik erkämpfen wie Giora Feidman. Manchmal muss man sich für eine Stunde in seine Garderobe zurückziehen wie Carlos Martínez.

Was hast du getan, Prediger? Es war wohl leichter für dich, denke ich. Es gab noch kein mediales Grundrauschen. Und doch hast auch du einen besonderen Ort gebraucht, einen Ort des Schweigens und des Hörens: den Tempel in Jerusalem, den Ort, an dem Gottes Herrlichkeit wohnt.

Bewahre deinen Fuß, wenn du zum Hause Gottes gehst, und komm, dass du hörst. Das ist besser, als wenn die Toren Opfer bringen; denn sie wissen nichts, als Böses zu tun.

Aus Prediger 4

Was tue ich?

Ich nehme mir, wenn irgend möglich, jeden Tag eine kleine Auszeit. Schneide ein paar Minuten aus meinem Alltag und gönne mir eine stille Zeit zum Denken und Danken, zum Beten und zum Hören auf ein Wort aus der Bibel. Aber das ist oft schwer in den lauten und geschwätzigen Räumen des Alltags. Es ist darum gut, immer wieder mal umzuziehen in den »Tempel«, also in einen besonderen Raum der Stille.

Vielleicht in die alte Kirche mitten in der Stadt. Wenn sich die knarrende alte Holztür hinter mir schließt, schützt sie mich vor dem Lärm der Straßen. Wenn auch nicht vor dem Lärm in mir. Manchmal, wenn ich unterwegs bin in einer fremden Stadt und Zeit habe, ziehe ich mich in eine alte Kirche zurück, suche mir eine freie Bank, schaue zum Altar – und suche das Handy in meiner Hosentasche. Nur mal schnell ein Foto machen. Aber dabei bleibt es nicht. Da ist eine neue Email gekommen. Da heischen aktuelle Eilmeldungen nach meiner Aufmerksamkeit – und ich gebe ihrem Drängen nur allzu gern nach. Eigentlich wollte ich beten. Eigentlich wollte ich aus meiner unruhigen Welt in eine andere, ruhigere eintauchen. Aber ich merke: Der Lärm ist nicht nur außen. Er ist in meiner Hosentasche. Er ist in mir – und die Stille wartet geduldig, bis ich ihr das Wort erteile.

Immerhin bemerke ich es und stecke das Handy zurück an seinen Platz.

Ein paar Minuten Stille sind gut, ein paar Stunden sind besser. Am besten sind gleich mehrere Tage. Ich habe darum immer wieder mal solche Tage in meinen Alltag geschoben. Auch in den Jahren, in denen ich noch berufstätig war.

Ein Kloster auf Zeit, ein Haus der Stille, ein geistliches Lebenszentrum bietet solche Rückzugsmöglichkeiten an. Für mich war und ist das vor allem das Geistliche Zentrum Kloster Bursfelde an der Weser, und es sind die Häuser der Jesus-Bruderschaft in Gnadenthal.

Aussteigen und ankommen. Den Alltag zurücklassen. Ablegen wie die Arbeitskleidung, die ich jetzt nicht brauche. Mich selbst und meine Welt mit Abstand betrachten. Aus einem anderen Blickwinkel sehen, was mich belastet und bedrückt, was mich zieht und lockt, was mich unruhig macht. Was mich begeistert und beseelt. Neu justieren, wofür ich leben möchte, für welche Menschen ich mich engagieren will und von welchen ich mich besser fernhalte.

Manchmal begleitet mich ein Vers, ein gelesener oder ein gesungener. Wie dieser, dessen Text auf einen Satz von Benedikt, dem Begründer des westlichen Mönchtums, zurückgeht: »Schweige und höre, neige deines Herzens Ohr. Suche den Frieden!«

Schweigen. Hören. Das Ohr des Herzens öffnen und Neuem begegnen oder Altem auf eine neue Weise, Gott und die Menschen und mich selbst in einem anderen Licht sehen. Meine Geschichte und meine Gegenwart. Himmlischen Frieden suchen und finden. In mir. Mit mir. Mit meinen Gaben und Grenzen. Mit meinen Erfolgen und mit meinen Niederlagen.

Solche Zeiten muss ich mir erkämpfen. Jedes Mal neu. Auch heute noch, in meiner nachberuflichen Lebensphase. Und in diesen Zeiten muss ich oft auch kämpfen. Aber das wirklich Wertvolle bekommt man wohl nie nachgeworfen.

Die Alten nannten solche Zeiten, in denen man sich zurückzog, auch Muße. In der Antike war sie ein Privileg für Begüterte. Sklaven war sie nicht vergönnt. Man sprach von »schöpferischer Muße«. Von »würdevoller Muße«, ohne die nichts Neues entstehen konnte. Keine neuen philosophischen Gedanken und keine neuen wissenschaftlichen Erkenntnisse.

Erst im Mittelalter geriet die Muße in Verruf. Sie wurde als Trägheit verdächtigt. Doch Muße ist keine Trägheit. Sie ist die hohe Zeit der Kreativität. Sie weckt ungekannte Gedanken und Gefühle. Sie macht feinsinnig. Und nichts brauchen wir dringender, damit wir uns nicht verlieren und damit wir Auswege und Rückwege finden aus den Sackgassen, in denen wir feststecken.

Gott hat seiner Schöpfung dafür einen ganzen langen Tag geschenkt, den Sabbat.

Wie sensationell dieser Tag ist, ahnen wir heute kaum noch. Ein Tag ohne Arbeit. Ganz und gar. Das Geschenk der Juden an die Welt, sagen manche – das gab's nämlich sonst nirgends. Aber er ist viel mehr: das Geschenk des Schöpfers an seine Schöpfung.

Der nämlich hat selbst am Tag nach dem Schöpfungsakt geruht:

»So wurden vollendet Himmel und Erde mit ihrem ganzen Heer. Und so vollendete Gott am siebenten Tage seine Werke, die er machte, und ruhte am siebenten Tage von allen seinen Werken, die er gemacht hatte. Und Gott segnete den siebenten Tag und heiligte ihn, weil er an ihm ruhte von allen seinen Werken, die Gott geschaffen und gemacht hatte.« (1 Mose 2)

Ein Gott, der sich ausruht, der nach getaner Arbeit ruht. Der zufrieden ruht, weil alles gut ist, sehr gut sogar. Der in sich ruht. Der nichts muss. Und der die Ruhe heiligt.

Ein göttliches Privileg? Nein! Er teilt es mit der Schöpfung.

In der Wüste, nachdem er das Volk Israel durch Mose aus der ägyptischen Sklaverei befreit hat, sagt er: So sollt ihr's auch halten.

»Den Sabbattag sollst du halten, dass du ihn heiligst, wie dir der HERR, dein Gott, geboten hat. Sechs Tage sollst du arbeiten und alle deine Werke tun. Aber am siebenten Tag ist der Sabbat des HERRN, deines Gottes. Da sollst du keine Arbeit tun, auch nicht dein Sohn, deine Tochter, dein Knecht, deine Magd, dein Rind, dein Esel, all dein Vieh, auch nicht dein Fremdling, der in deiner Stadt lebt, auf dass dein Knecht und deine Magd ruhen gleichwie du. Denn du sollst daran denken, dass auch du Knecht in Ägyptenland warst und der HERR, dein Gott, dich von dort herausgeführt hat mit mächtiger Hand und ausgerecktem Arm. Darum hat dir der HERR, dein Gott, geboten, dass du den Sabbattag halten sollst.« (5 Mose 5)

Keine Arbeit – auch nicht für Sklaven, nicht mal für Tiere. Wo gibt's denn so was! Nirgendwo sonst! Weit und breit nicht. In Ägypten schon gar nicht. Und lange tatsächlich auch nur bei seinem Volk, den Juden. Der Sabbat gehört zur jüdischen DNA, zu ihrer Identität – sie haben die Jahrhunderte vielleicht nur deshalb überlebt, weil sie sich, wo immer sie waren, auch an dieses Gebot, an dieses Angebot gehalten haben.

Viele fromme Juden sind überzeugt: »Wenn Israel nur ein einziges Mal den Sabbat wirklich halten würde, würde der Messias kommen.« So steht es in einem alten Text.

Wir Christen glauben: Der Messias ist längst gekommen. Sein Name ist Jesus. Wir feiern in der Regel nicht mehr den Sabbat, wir haben den Ruhetag auf den Sonntag verlegt, weil er, der Messias Jesus, an diesem Tag auferstanden ist. Jeder Sonntag ist seitdem ein kleines Osterfest für uns. Und unser Sabbat. Der Ruhetag der Woche, den Gott uns schenkt.

Sind wir dabei, ihn zu verlieren? Haben wir ihn am Ende längst verloren? In Israel kämpfen orthodoxe Juden verbissen darum, den Sabbat zu schützen – manchmal ausgesprochen militant. Bei uns gab es vor Jahren eine Aktion der Evangelischen Kirche: »Ohne Sonntag gibt's nur noch Werktage.«

Rabbi Abraham Heschel, ein jüdischer Gelehrter wie du, Prediger, nur eben viele Jahrhunderte nach dir geboren, hat einmal gesagt: Der Sabbat ist uns geschenkt, damit wir frei werden von der Diktatur der Dinge. Von der Diktatur des Müssens auch. Ich glaube, Sabbat und Sonntag helfen uns auch dabei, frei zu werden von der Diktatur der Rollen, die wir Tag für Tag auszufüllen haben. Sie sind so auf geheimnisvolle Weise auch eine Lebensschule fürs Älterwerden. Denn unsere Sabbate werden von Jahr zu Jahr länger. Das, was wir sind, wird immer wichtiger als das, was wir tun.

Und noch ein kleiner Gedanke: Mit dem Sabbat endet die Woche. Mit dem Sonntag beginnt sie. Heißt: Die Zusage der Liebe Gottes steht für Christen am Anfang, nicht am Schluss. Wir erfahren: Ich bin wer, auch wenn ich nichts schaffe. Ich bin zufrieden, auch wenn ich gerade nichts gekauft habe. Ich bin geliebt, unendlich geliebt, auch wenn ich nichts dafür tue. Gottes Liebe ist keine Antwort auf meine Leistungen, sie kommt direkt aus seinem Herzen. Sie ist bedingungslos.

Diesen Tag feiern und genießen. Gott begegnen. Und danach wieder den Herausforderungen des Alltags begegnen. Mit neuer Kraft. Und mit neuer Gelassenheit.

Das ist der Rhythmus des Lebens: Fasten und feiern, ruhn und tun, beten und arbeiten, einatmen und ausatmen, einsteigen und aussteigen. Beides ist nötig. Beides hat seine Zeit. Beides will Gott.

Pfarrer Ernst Modersohn schreibt: »Das Dengeln der Sense säumt das Mähen nicht.«

Der Prediger sagt es so:

Wenn das Eisen stumpf wird und an der Schneide ungeschliffen bleibt, braucht man mehr Kraft. Aber den Vorteil hat, wer Weisheit gebraucht.«

Aus Prediger 10

10

Sei nicht schnell mit deinem Munde
und lass dein Herz nicht eilen, etwas
zu reden vor Gott; denn Gott ist im
Himmel und du auf Erden;
darum lass deiner Worte wenig sein

Denn wo viel Worte sind,
da hört man den Toren

Wann wir reden, wann wir schweigen sollten

Er redete. Er redete viel, und er redete schnell. Er wusste viel, er
kannte vieles, er hatte viel erlebt, und er konnte es spannend

erzählen. Wir hingen gebannt an seinen Lippen. Schafften es nur, hin und wieder ein bewunderndes »Ach« in seinen Redefluss zu schieben. Manchmal sogar ein »Tatsächlich?« Für eine Frage war kein Platz, für eigene Geschichten kein Raum.

Er war wie ein orientalischer Märchenerzähler. Es war leicht, ihn zu Gast zu haben. Man musste nicht fürchten, die Gesprächsthemen könnten ausgehen. Man musste nicht überlegen, was man selbst beitragen könnte zum Gespräch. Aber irgendwann wurde es langweilig. Manchmal fragten wir uns, ob er uns überhaupt wahrnahm. Ob er überhaupt uns meinte, wenn er uns erzählte. Interessierte ihn, ob wir uns interessierten? Interessierten wir ihn? Brauchte er überhaupt ein Gegenüber?

Er redete. Oder redete *es*?

Eines Tage entdeckten wir schockiert, dass er sich vieles einfach ausgedacht hatte.

Dass seine großen Geschichten nur eine Verkleidung gewesen waren, die seine kleine dunkle Wahrheit verstecken sollten. Er hatte keine Pausen gemacht, weil er sich nicht fragen lassen wollte. Weil er allein bestimmen wollte, was wir über ihn wussten, wie wir ihn sahen. Wer ständig redet, bestimmt Themen und Timing. Wer ständig redet, muss nicht antworten. Sich nicht ver-antworten. Sein Redeschwall war wie ein Schutzwall, hinter dem er seine Wirklichkeit vor uns versteckte. Ein zerrissener, verletzter und verschuldeter Mensch war er, der in den finsteren Stunden seines Lebens andere Menschen verletzt und verwundet hatte. Ohne seine Geschichten wäre er ein

Kaiser ohne Kleider gewesen. Er hatte geredet. Es hatte geredet, um für sich selbst vor unseren Ohren eine andere Wirklichkeit zu erschaffen.

Wer ständig redet, verhindert nicht nur die Kommunikation, er verweigert die Begegnung. Man kann sich hinter Wörtern verstecken wie der kleine Zolleinnehmer Zachäus hinter den Blättern eines Maulbeerfeigenbaums.

Du kennst das, Prediger.

Sei nicht schnell mit deinem Munde und lass dein Herz nicht eilen, etwas zu reden vor Gott; denn Gott ist im Himmel und du auf Erden; darum lass deiner Worte wenig sein. Denn wo viel Worte sind, da hört man den Toren. Lass nicht zu, dass dein Mund dich in Schuld bringe, und sprich vor dem Boten nicht: Es war ein Versehen. Gott könnte zürnen über deine Worte und verderben das Werk deiner Hände. Denn je mehr Worte, desto mehr Eitelkeit; was hat der Mensch davon?

Aus Prediger 5 und 6

Er redete. Heute reden alle. Ständig. Es ist die Zeit globaler Geschwätzigkeit. Und die Zahl orientalischer Geschichtenerzähler ist Legion. Früher blieb alles in der Familie, am Stammtisch, im Dorf. Heute zieht es um die Welt. Und oft genug wissen wir nicht mehr, was wahr ist und was erfunden. Was wirklich wichtig ist und was einfach nur belanglos. Und wer der Erzähler ist. Oft genug bleibt er anonym, oder er versteckt sich hinter einer erdachten Identität. So schreibt er zuweilen Sätze, die er einem leibhaftigen Gegenüber wohl kaum ins Gesicht sagen würde.

Besonders wer in der Öffentlichkeit steht, bekommt das immer wieder mal schmerzhaft zu spüren. »Shitstorm« nennen wir das. Kein Wunder, dass sich mancher kaum noch herauswagt mit seiner Überzeugung. Spitzenjobs sind nur noch etwas für Hartgesottene.

In der Politik. In der Wirtschaft. Und in der Kirche. Ich weiß, wovon ich spreche. Ich erinnere mich an meine Zeit als Sprecher vom »Wort zum Sonntag«. Direkt nach der Sendung klingelte zu Hause das Telefon. Oft mit freundlichen Reaktionen, zuweilen aber auch mit ausgesprochen unfreundlichen. Von ganz und gar unfrommen, aber auch von frommen Zuschauern. Als ich einmal Pastor Uwe Holmer gewürdigt hatte, weil er in seinem Pfarrhaus seine »Gegner«, die Honeckers, beherbergt hatte, wurde ich von einigen Bewohnern der Ex-DDR wüst beschimpft. In der Nacht habe ich schlecht geschlafen. Bei jedem Auto, das vorbeifuhr, dachte ich: Gleich wirft dir jemand die Scheiben ein.

Aber das waren damals nur einzelne Stimmen. Laut zuweilen, aber nur von mir zu hören. Da ist es für die Sprecherinnen und Sprecher vom Wort zum Sonntag heute erheblich unkomfortabler. Neulich erzählte mir eine: »Da kommen echt heftige Angriffe, teilweise unter der Gürtellinie. Und manchmal anzeigewürdig.« Und: Sie kommen meist nicht mehr direkt und persönlich, sondern indirekt und unpersönlich und sind alleine darum schon oft unflätiger und unverschämter. Die Qualität hat sich verändert. Und die Quantität. Alles, was einer denkt und sich ausdenkt, kann er öffentlich machen. Und muss dabei dem, den er beschimpft, nicht in die Augen sehen. Früher musste er Emails verschicken, noch früher Briefe. Das war aufwändig und teuer. Heute reicht ein Post in facebook. Die Unpersönlichkeit enthemmt.

Vor vielen Jahren schon habe ich gelernt: Wenn du dich geärgert hast über jemanden und ihm das in einem Brief klipp und klar geschrieben hast, dann lass den Brief erst einmal einen Tag liegen, bevor du ihn abschickst. Oder noch besser: Ruf an. Oder am besten: Fahr vorbei, wenn's geht. Reden ist immer besser als schreiben.

Ich will immer wieder fragen: Muss die Welt erfahren, was ich gerade denke und empfinde? Muss es die Nachbarin? Reden ist Silber, Schweigen ist Gold, sagten die Alten. Wir sollten diesen klugen Satz neu beherzigen.

Ich liebe diese kleine Anekdote aus dem Leben des Heiligen Philipp Neri, der im 16. Jahrhundert gelebt hat, und zu dem viele römische Adlige in den Beichtstuhl kamen. Unter ihnen auch die Contessa Bianchi, die gestand, dass sie immer wieder öffentlich schlecht über andere rede. Dafür bekam sie von Philipp Neri eine sonderbare Buße auferlegt: Sie solle sich auf dem Markt ein Huhn besorgen und es ihm bringen. »Unterwegs musst du es so gut rupfen, dass dabei auch nicht eine Feder übrig bleibt«, sagte Philipp Neri zur Contessa.

So zog die Contessa federrupfend durch die Straßen Roms. Als sie endlich mit dem gerupften Huhn zu Philipp Neri kam, verlangte der, sie solle nun den Weg wieder zurückgehen und alle Federn wieder einsammeln. Als sie entgegnete: »Das ist doch nicht möglich! Der Wind hat die Federn bereits in ganz Rom verweht«, antwortete er ihr schmunzelnd: »Daran hättest du vorher denken sollen. So, wie du die einmal ausgestreuten Federn nicht mehr aufsammeln kannst, weil der Wind sie verweht hat, so kannst du auch die bösen Worte, die du einmal ausgesprochen hast, nie wieder zurücknehmen.«

Man kann sich hinter Wörtern verstecken. Man kann mit Wörtern langweilen. Man kann mit Wörtern verletzen. Und man kann sogar mit ihnen töten. Man kann Menschen verwirren und verleiten und ihren Ruf zerstören. Darum: Sei nicht schnell mit deinem Munde! Und nicht mit deinem Smartphone! Erst hinschauen, dann urteilen. Erst hören, dann reden. Erst denken, dann schreiben. Und manchmal sogar: Erst beten, dann reden. Oder eben schweigen.

11

Der Ausgang einer Sache ist besser als ihr Anfang

Ein Geduldiger ist besser als ein Hochmütiger

Was wesentlich ist

Die Klosterkirche stammt aus dem 15. Jahrhundert. Aber nicht sie ist das Ziel unserer Exkursion, sondern die Einsiedelei, die sich dahinter verbirgt. Sie ist rund dreihundert Jahre älter. Wir sind im Kloster Hágios Neófytos auf Zypern, nicht weit entfernt von Pafos, und wir hören die eindrucksvolle Geschichte von dem Mönch, der der Anlage seinen Namen gegeben hat: Neófytos. Er hat diese Einsiedelei im Jahr 1159 eigenhändig mit Axt und Spaten in den, wenn man so will, zweiten Stock eines steil aufragenden Felsens gehauen. Ein Jahr soll er dafür gebraucht haben. Dann war sie fertig. Vorläufig. Eine kleine Kapelle, ein Altarraum und eine Wohnzelle. Altar, Bett, Stuhl und Tisch – alles aus Stein. Und das Felsengrab, in das er später einmal gelegt werden wollte. Er hatte es ständig vor Augen, es war Teil seiner Wohnung, seines Lebens. Es half ihm, nie zu vergessen, dass er sterblich war, das Leben endlich. So schrieb er es auch auf: »Selbst wenn du alles auf der Welt besessen hast, nicht mehr als dieses Grab wird deines sein.«

Er ist gekommen, und er ist geblieben. Bis zum Schluss. 1219 ist er gestorben. Hier. Im Alter von 85 Jahren.

Bestimmt ist Neófytos bei dir in die Schule gegangen, Prediger.

Es ist besser, in ein Haus zu gehen, wo man trauert, als in ein Haus, wo man feiert; denn da zeigt sich das Ende aller Menschen, und der Lebende nehme es zu Herzen! Trauern ist besser als Lachen; denn durch Trauern wird das Herz gebessert. Das Herz der Weisen ist dort, wo man trauert, aber das Herz der Toren dort, wo man sich freut.

Aus Prediger 7

Lange war Neófytos auf der Suche nach seinem Zuhause gewesen, nach dem Ort seiner Bestimmung. Ein paar Monate hatte er sogar als Einsiedler in Jerusalem gelebt. Doch das war nicht der Ort, an den er gehörte. Erst hier, in den Wäldern seiner Insel, war er angekommen.

Er wollte allein sein, weit weg von der Geschwätzigkeit der Welt, aber er blieb es nicht. Schon zu seinen Lebzeiten kamen ungezählte Menschen, um von ihm zu lernen: Was ist das Leben? Wie sollen wir es gestalten? Wie ist es mit dem Tod? Wer ist Gott? Wie können wir an ihn glauben? Es kamen so viele, dass er einen weiteren Raum in den Felsen schlagen musste für seine Gäste, noch ein Stockwerk höher, zu erreichen nur über eine Strickleiter. Dort lebten und beteten sie, dort feierten sie ihre Gottesdienste. Daran nahm er nicht teil. Aber er hörte zu – dafür hatte er einen zusätzlichen Schacht angelegt.

Er war einer, der zurückgezogen lebte und las, nachdachte und betete, der die Menschen und ihre Lust an der Zerstreuung mied, der aber trotzdem ganz nah bei ihnen war, mittendrin in ihren Fragen und Sorgen. Und in den politischen Verhältnissen seiner Zeit. Davon zeugen viele kluge Schriften. Einer mit weit offenen Ohren und einem weit offenen Herzen. Ein Weiser. Ein Heiliger.

Bis zu unserem Besuch in seiner felsigen Bleibe hatte ich noch nie etwas von ihm gehört. Unsere Geschichtsbücher kennen ihn nicht.

Aber vielleicht sind es ohnehin eher die Kleinen, die Leisen, die scheinbar Unbedeutenden, die die Welt zusammenhalten. Die Großen, Lauten, Wichtigen sind vielleicht gar nicht so groß und wichtig, wie sie vorgeben und wie wir meinen, dass sie es sind.

Neófytos hatte Vorbilder. Die ersten Mönche, die im späten dritten Jahrhundert in die Wüste gezogen waren, um anders zu leben und zu glauben, gegen den Mainstream des christlichen

Glaubens, der immer stärker vom Denken und vom Leben der römischen Welt durchsetzt zu werden drohte. Heute kennen wir sie als die Wüstenväter.

Abbas Poimen war einer von ihnen. Er lebte im vierten Jahrhundert. Von ihm ist folgende Anekdote überliefert: »Abbas Poimen wurde einmal gefragt, wann ein Gewand asketisch genug ist. Also: wann es nicht prächtig ist. Da antwortete Abbas Poimen: ›Wenn man es eine Woche lang auf einer belebten Hauptkreuzung liegen lassen kann und es nicht gestohlen wird.‹«

Der Kirchenhistoriker Christoph Markschies hat sich intensiv mit den Männern der Wüste befasst. Er nennt die Sprüche, die von ihnen überliefert sind, »Weisheit vom Rande der Gesellschaft« und »Theologie in Spruchform«. Gerade weil sie außerhalb der strukturierten, organisierten, kirchlich institutionalisierten staatskirchlichen Welt gelebt hätten, könnten sie so glaubwürdig als Ratgeber auftreten. Sie waren nie Teil des Systems. Und haben uns vielleicht gerade deshalb auch heute noch etwas zu sagen.

Pater Bernhard Eckerstorfer schildert in einem Buch[4] die folgende Geschichte:

Am Samstag und Sonntag kamen einige Wüstenväter zusammen, »um miteinander zu beten, zu essen und sich auszutauschen. Wenn sie sich nach diesem Treffen auf den Heimweg machten, nahmen sie nicht nur das Arbeitsmaterial für die kommende Woche mit; auch das eine oder andere verletzende

Wort, das während der gemeinsamen Zeit gefallen war, ging mit ihnen. Da gibt es die Geschichte von einem Wüstenvater, der sich zu helfen wusste: Als Altvater Johannes sich einmal in die Kirche begab, hörte er einige Brüder heftig streiten. Bedrückt kehrte er zu seiner Einsiedelei zurück, ging dreimal um sie herum und trat erst dann ein. Einige seiner Schüler fragten ihn verwundert: ›Warum tust du das?‹ Er antwortete ihnen: ›Meine Ohren waren von den Streitereien voll. Ich musste sie erst reinigen, damit ich in Ruhe meine Zelle betreten konnte.‹

Abbas Johannes wollte kein verqualmtes Haus, darum gab er seinem Ärger die Möglichkeit zu verrauchen. Welche Runde kann ich drehen, wenn mich etwas zu sehr beschäftigt?«

Jenseits der Gesellschaft, aber doch mitten im Leben. Besitzlos aber voll zeitloser Weisheit. Gelebt und gestorben in himmlischem Frieden.

Manchmal muss man ein Leben von seinem Ende her betrachten. Der amerikanische Autor Gordon MacDonald, inzwischen selbst deutlich über 80, rät immer wieder: »Finish well!« Bring's zu einem guten Ende! Auch der Verfasser des neutestamentlichen Hebräerbriefs mahnt im Blick auf die Lehrer: »Ihr Ende schaut an und folgt dem Beispiel ihres Glaubens.« (Hebräer 13,7)

Und du, Prediger, weißt:

Der Ausgang einer Sache ist besser als ihr Anfang. Ein Geduldiger ist besser als ein Hochmütiger.

Aus Prediger 7

Ein Geduldiger. Einer, der geduldig zu Ende bringt, was er begonnen hat, der den Weg bis zum Ziel geht, der sich nicht ablenken oder weglocken lässt, der nicht vorschnell aufgibt. Neófytos war so einer, und mit ihm viele, an deren Namen sich kaum noch jemand erinnert.

12

Es begegnet dasselbe Geschick dem
einen wie dem andern: dem Gerechten
wie dem Gottlosen, dem Guten und
Reinen wie dem Unreinen

Warum Gott manchmal schweigt

30. Dezember 2021. Mein Freund Wolfgang trägt seinen zwei-
einhalbjährigen Enkel Jonas zu Grabe. Der ist eine gute Woche
zuvor, wenige Tage vor Weihnachten, bei einem tragischen Ver-
kehrsunfall ums Leben gekommen. Sein Vater hatte mit ihm
einfach nur die Straße überqueren wollen, die einzige Fußgän-
gerampel des Dorfes zeigte Grün, als ein achtloser Autofahrer
beide einfach über den Haufen fuhr. Der Vater wurde nur leicht
verletzt. Aber der Kleine wurde durch die Luft geschleudert.
Seine Hirnverletzungen waren so gravierend, dass einen Tag

später alle Maschinen, die ihn mühsam am Leben hielten, abgestellt werden mussten.

Das ist vielleicht das Schlimmste, was Eltern und Großeltern passieren kann. Eine Sekunde, die das ganze Leben verändert. Wolfgang ist ohnehin schwer belastet. Er hat Diabetes. Muss regelmäßig zur Dialyse. Und das Herz läuft nur noch mit halber Kraft. Weil ein Fuß nicht heilen will, muss er das Bett hüten. Als sich die Familie im Krankenhaus vom sterbenden kleinen Jonas verabschiedet, kann er nicht dabei sein.

War Gott dabei? In der Klinik? Am Grab? Auf der Straße? Kann er dabei gewesen sein? Warum hat er diesen grausamen Unfall nicht verhindert? Warum sagt er jetzt nichts?

Und wir? Schweigen auch. Weil wir keine Worte haben, die den unaussprechlichen Schmerz lindern? Wir können nur mitweinen, mitschreien.

30. Dezember 2021. Mein Freund Erich feiert seinen 75. Geburtstag, der auf geheimnisvolle Weise auch sein erster ist. Ein Jahr zuvor war er auf dem Weg ins Klinikum gewesen, zu einer Routineuntersuchung, als er wenige Meter vor dem Eingang zusammenbrach, weil das Herz aussetzte. Ein Notfallarzt, der länger arbeitete, als er eigentlich vorgehabt hatte, fand ihn nach wenigen Minuten. Er versuchte, ihn wiederzubeleben. Das dauerte beinahe eine ganze Stunde. Dann kam Erich zurück. Wurde eilig auf die Intensivstation gebracht. Und überlebte nicht nur – er lebt. Fast ohne Nachwirkungen. Ein unfassbares

Wunder. Eine Kette von glücklichen Zufällen, sagen die einen. Eine Kette von himmlischen Fügungen, sagt er. Und das stimmt wohl.

Da warst du, Gott! Auf dem Weg. Beim Herzstillstand. Bei der Nothilfe. In der Klinik. Da warst du! Und wir können nur mitstaunen, mitjubeln.

Aber wo warst du, als Jonas mit seinem Vater die Straße betreten hat?

Zwei Schicksalstage, wie sie unterschiedlicher und irritierender kaum sein können.

Und Gott begegnet uns neu als der ganz und gar Andere, der nicht ist wie wir, der nicht tut, was wir erwarten und oft genug verzweifelt erflehen. Sein Handeln lässt sich nicht von der Erde aus steuern, nicht einmal vorhersehen, es lässt sich nicht in fromme oder unfromme Schemata pressen. Wir Menschen mit unserem begrenzten Auffassungsvermögen können nur verstummen und schweigen.

Und ich sah alles Tun Gottes. Denn ein Mensch kann das Tun nicht ergründen, das unter der Sonne geschieht. Je mehr der Mensch sich müht zu suchen, desto weniger findet er. Und auch wenn der Weise meint: »Ich weiß es«, so kann er's doch nicht finden.

Aus Prediger 8

Manche Lebensgeschichten lassen uns verstummen. Auch die
der einzigartigen Soeur Sourire, der Schwester des Lächelns.
1933 als Jeanine Deckers geboren, war sie Dominikanerin geworden. 1963 hatte sie einen Welterfolg als Chansonsängerin:
»Dominique«, ein Lied über den Gründer ihres Ordens. Die
Single wurde millionenfach verkauft. In den Hitparaden lag sie
vor Elvis. Eine schlichte Nonne mit ihrer schlichten Gitarre.
Und gigantische Tantiemen.

Wem standen die eigentlich zu? Dem Orden? Ihr?

Dann drehte Hollywood einen Film über ihr Leben. Der Streit
um die Einnahmen eskalierte. Schließlich trat sie aus dem Orden aus. Bedingung der Ordensleitung: Sie durfte nicht mehr
als »Soeur Sourire« auftreten.

So sang sie weiter in Zivil. Aber so interessierte sich niemand
mehr für sie. Die Exotik ihrer Auftritte war verschwunden.
Dann kam das Finanzamt. Sie musste Steuern nachzahlen für
Einnahmen, die sie nie bekommen hatte. Einen Vertag mit dem
Orden gab es nicht. Es drohte der finanzielle und existenzielle
Ruin. Jeanine Deckers wurde tablettensüchtig. Zusammen mit
ihrer Lebensgefährtin beging sie im März 1985 Selbstmord. Sie

hatten keinen Franc mehr. Und keine Perspektive. Und keine Kraft. Soeur Sourire war 52. In ihren Abschiedsbrief schrieb sie: »Wir sind am Ende – finanziell und moralisch. Wir haben keine Ideale mehr, nur noch Gott. Aber das macht uns nicht satt. Wir kehren zum Herrn zurück«.

Wo aber war er in diesem Leben? Wo ist er, wenn das Leben ernst macht?

Hilft beten? Ja, immer. Aber wer denkt, er könnte Gott auf diese Weise instrumentalisieren, könnte ihn sich verfügbar machen und dem eigenen Willen unterwerfen, wird früher oder später enttäuscht werden. Glauben heißt manchmal einfach nur, die Unbegreiflichkeit Gottes auszuhalten. Und dennoch an ihm festzuhalten.

Wie es der Jude in Zeit der menschenzerstörenden Naziherrschaft in Köln an die Wand des Kellers, in dem er sich versteckt hatte, gekritzelt hat:

Ich glaube an die Sonne, auch wenn sie nicht scheint.
Ich glaube an die Liebe, auch wenn ich sie nicht spüre.
Ich glaube an Gott, auch wenn er schweigt.

Mutig glauben. Trotzig vertrauen. Sich über die Tage freuen, an denen Gott Gutes schenkt, und es nie für etwas halten, was mir zusteht. Und an den anderen Tagen trotzig vertrauen.

**Sieh an die Werke Gottes; denn wer kann das gerade ma-
chen, was er krümmt? Am guten Tage sei guter Dinge, und
am bösen Tag bedenke: Diesen hat Gott geschaffen wie
jenen, damit der Mensch nicht wissen soll, was künftig ist.**

Aus Prediger 7

Warum mutet Gott uns Menschen das eine und das andere zu?
Das Gute und das Schlimme. Warum ist der Glaube nicht eine
zuverlässige Versicherung gegen jede Unbill des Lebens? Der
Gottesglaube würde sich doch so viel rascher verbreiten, wenn
er mit Wohlstand, Gesundheit und Ansehen verbunden wäre.
Warum geht es Menschen, die tapfer an Gott festhalten, nicht
besser als allen anderen? Warum können sie nicht ein Leben
vorweisen, das andere neidisch macht?

Weil sich unser Leben nicht im Hier und Jetzt erschöpft? Weil
es unsichtbar in unserer Wirklichkeit eine Wirklichkeit gibt,
die wir erst am Ende der Zeiten sehen und erkennen können?

Gottes Sonne scheint über Gerechte und Ungerechte. Beide
erleiden Niederlagen und feiern Erfolge. Beide werden krank
und wieder gesund und müssen doch eines Tages sterben. Beide
bleiben den Gesetzen des Lebens unterworfen.

**Es begegnet dasselbe Geschick dem einen wie dem an-
dern: dem Gerechten wie dem Gottlosen, dem Guten und
Reinen wie dem Unreinen; dem, der opfert, wie dem, der**

nicht opfert. Wie es dem Guten geht, so geht's auch dem Sünder. Wie es dem geht, der schwört, so geht's auch dem, der den Eid scheut. Das ist das Unglück bei allem, was unter der Sonne geschieht, dass es dem einen geht wie dem andern.

Aus Prediger 9

Manchmal aber wird das Gottvertrauen noch schmerzvoller provoziert: Den Nichtglaubenden geht es besser als denen, die an ihrem Glauben festhalten. Den Bösen besser als den Guten. Den Tätern besser als den Opfern.

Und weiter sah ich Gottlose, die begraben wurden und zur Ruhe kamen; aber die recht getan hatten, mussten hinweg von heiliger Stätte und wurden vergessen in der Stadt. Das ist auch eitel. Weil das Urteil über böses Tun nicht sogleich ergeht, wird das Herz der Menschen voll Begier, Böses zu tun. Wenn ein Sünder auch hundertmal Böses tut und lange lebt, so weiß ich doch, dass es wohlgehen wird denen, die Gott fürchten, die sein Angesicht scheuen. Aber dem Gottlosen wird es nicht wohlgehen, und wie der Schatten wird nicht lange leben, wer sich vor Gott nicht fürchtet. Es ist eitel, was auf Erden geschieht: Es gibt Gerechte, denen geht es, als hätten sie Werke der Gottlosen getan, und es gibt Gottlose, denen geht es, als hätten sie Werke der Gerechten getan. Ich sprach: Das ist auch eitel.

Aus Prediger 8

Nikolaus Schneider, ehemaliger Ratsvorsitzender der Evangelischen Kirche, verweist in einer biblischen Betrachtung zu einem Maleachi-Text auf das Ende der Zeiten:

»Gott wird kommen. Und dann wird sich zeigen, wer vor Gott bestehen kann. Dann wird für alle offensichtlich: Gott hat kein Gefallen an dem, der Böses tut. Gott erwartet durchaus, dass Menschen ihre Ehrfurcht vor ihm durch ihr konkretes Alltagsverhalten zeigen. In ihrem privaten Leben wie auch durch ihr soziales Entscheiden und Handeln. Gott wird eingreifen, nicht um zu vernichten, sondern um zurechtzubringen. Gott will durch sein Gericht seine Menschen »reinigen und läutern«. Damit es anders wird unter uns Menschen. Damit wir Menschen schon hier auf dieser Erde Gerechtigkeit tun und in gerechten Verhältnissen leben können.«[5]

Romano Guardini fleht geradezu: »Ja, ich verlange nach deinem Gericht. Es wird nicht über andere ergehen, sondern über mich selbst; dennoch verlange ich nach ihm, weil ich nach der Wahrheit und Gerechtigkeit verlange. Der das Gericht vollziehen wird, bist du, Herr Jesus Christus. Du wirst nicht als Rächer und Zerstörer kommen, sondern als Heiland. So gebe ich mich in dein Urteil.«

Wir bleiben Suchende. Fragende. Auf Gnade Angewiesene. Und immer wieder auch verzweifelt Zweifelnde. Wir wissen nur von Gott, was er selbst über sich sagt. Und wir sehen den Menschen, in dem er auf dieser Erde Gestalt angenommen hat.

Den Schmerzensmann. In ihm begegnen wir dem mitfühlenden und mitleidenden Gott. Er erklärt nicht alles. Weil er uns das meiste ohnehin nicht plausibel machen könnte. Aber er lädt uns ein, Platz zu nehmen an seinem Tisch, teilzuhaben an seinem Herzen und ihm zu vertrauen, wo es nichts zu verstehen gibt. Eines Tages werden unsere Fragen beantwortet. Oder wir werden keine Fragen mehr haben.

13

Darum pries ich die Freude, dass
der Mensch nichts Besseres hat unter
der Sonne, als zu essen und zu trinken
und fröhlich zu sein

Was Glück ist

Augen auf! Bühne frei! Jeden Abend eine neue Premiere. Die
Sonne berührt den Horizont, und der Himmel strahlt und
lodert, glitzert, gleißt und glänzt. Eine Farbexplosion in gelb
und rot und braun. Wolkenfetzen huschen durch die Kulisse.
Und wir stehen und staunen und verstummen. Nur ein paar
Minuten, dann ist die Vorstellung beendet. Und wir klatschen
und jubeln.

Ich werde diese Sonnenuntergänge nie vergessen. Am See Ge-
nezareth waren wir, irgendwann im Spätsommer 1991. Da gab
es schon genug zum Staunen. Das warme Seeblau, das flirrende
Sonnengelb, das betörende Oleanderrot. Meist mehr, als un-

sere Sinne fassen konnten. Aber die allabendlichen Sonnen-festspiele waren das Highlight jeden Tages.

Später erfuhren wir, dass die Ursache der Pracht alles andere als prächtig war: Der Vulkan Pinatubo auf den Philippinen war ein paar Wochen zuvor ausgebrochen und hatte eine gigantische Menge von Asche in die Atmosphäre geblasen. Mein Schwiegervater, Meteorologe im Zweitberuf, erklärte uns: Je mehr Dreck in der Luft ist, desto prächtiger sind die Sonnen-untergänge. Autsch.

Aber wir haben auch etwas gelernt: Selbst Dreck kann schön sein, selbst Asche kann schön machen. Und was ist das über-haupt, Dreck, Asche? Sind wir nicht selbst aus diesem Stoff? Asche zu Asche …

Augen auf! Bühne frei! Buchstäblich. Jeden Sommer. Der weite Innenhof des Weilburger Renaissance-Schlosses verwandelt sich in einen zauberhaften Konzertsaal. Mit offenem Himmel. Vorne auf der Bühne das Orchester. Der Dirigent reckt den Taktstock empor. Die Schwalben verstummen. Die Geigen tasten sich zögernd in die Abendluft. Die Bratschen fallen ein, die Celli, die Bässe – und irgendwann die Bläser, die Schlagwer-ker – und die Luft vibriert. Beethoven tanzt. Die Ohren tanzen. Und die Seele tanzt mit. Alle Missklänge der Welt des Lebens, des Herzens verschweben. Tag und Traum verschmelzen. Und ich ahne: Wie wunderbar doch alles komponiert ist. Die Welt ist Harmonie. Eigentlich.

Beethoven selbst hat das alles zu seinen Lebzeiten wohl kaum so hören können. Zu weit fortgeschritten war seine Taubheit. Aber er hat es gefühlt, gespürt. Es gibt mehr als Ohren, wenn man hören will. Viel mehr.

Augen auf! Bühne frei! Der Auftritt steht unmittelbar bevor. Er reckt und streckt die Glieder. Er testet, wie weit er das Maul aufreißen kann. Gemächlich schreitet er zum Küchenbuffet, spannt alle Muskeln an und springt. Elegant und geräuschlos wie ein Papierflieger. Wie machst du das, Marley, Kater unseres Herzens! Unprätentiös, unaffektiert, nicht auf Wirkung bedacht, einfach so. Weil du's kannst. Weil du's bist.

Wenige Minuten später kuschelst du dich in die Sofaecke. Selbstvergessen und trotzdem hellwach. Spannung und Entspannung in stetem Wechsel. Leben im Hier und Jetzt. Sorgenfrei. Ich versinke in deinen Atemzügen und werde für einen Moment federleicht wie du.

Ach, es gibt so vieles zum Genießen, wenn wir es denn wahrnehmen.

Auch in deinem Leben, Prediger.

Darum pries ich die Freude, dass der Mensch nichts Besseres hat unter der Sonne, als zu essen und zu trinken und fröhlich zu sein. Das bleibt ihm bei seinem Mühen sein Leben lang, das Gott ihm gibt unter der Sonne.

Aus Prediger 8

So geh hin und iss dein Brot mit Freuden, trink deinen Wein mit gutem Mut; denn dein Tun hat Gott schon längst gefallen. Lass deine Kleider immer weiß sein und lass deinem Haupte Salbe nicht mangeln. Genieße das Leben mit der Frau, die du lieb hast, solange du das eitle Leben hast, das dir Gott unter der Sonne gegeben hat; denn das ist dein Teil am Leben und bei deiner Mühe, mit der du dich mühst unter der Sonne.

Aus Prediger 9

Aber das ist wie so vieles leichter gesagt als gelebt. Dieses Glück hat es nicht immer leicht, vor allem nicht mit mir. Ich bin Künstler. Enneagramm-Typ 4. Immer unterwegs. Immer auf der Suche. Nach der blauen Blume aller Romantiker: dem Besonderen, dem Außergewöhnlichen, dem vielleicht Unerreichbaren, weil Vollkommenen. Nach der einzigartigen Idee, der idealen Lösung, der perfekten Formulierung. Ich bin selten ganz zufrieden. Denn immer bohrt die Frage: Gibt es nicht irgendwo doch noch etwas Schöneres, Besseres, Passenderes als das, was mir gerade eingefallen und zugefallen ist? Nirgendwo ist es am schönsten. Das ist anstrengend, ja. Aber ich kann's nicht ändern. Nicht so leicht jedenfalls. Andererseits entstehen so zuweilen auch Texte, die nie und nimmer zustande gekommen wären, hätte ich mich vorschnell zufriedengegeben.

Manchmal dauert es lange, bis wir uns finden, das Glück und ich.

Ich bin dabei in guter Gesellschaft. Ein Schweizer Schriftsteller hat einmal auf die Frage, was Glück für ihn sei, geantwortet: »Der gelungene Satz. Das treffende Wort.«

Aber welcher Satz ist schon wirklich rundherum gelungen? Und welches Wort trifft wirklich passgenau? Meist ist es der Satz, das Wort eines anderen. In meinen Konzerten zitiere ich zuweilen einen Text von Albert Schweitzer über das Älterwerden. Darin steht der Satz: »Mit dem Verzicht auf Begeisterung runzelt die Seele.« Und ich seufze anschließend laut und vernehmlich: Ach, wäre dieser Satz doch mir eingefallen! Ich wäre glücklich!

Wie's manchen erstaunlicherweise auch mit Sätzen von mir geht. Kurz nachdem ich meine erste Langspielplatte veröffentlicht hatte, traf ich den damals schon legendären Johannes Jourdan, Texter des Paulus-Oratoriums und vieler erfolgreicher Lieder. Er nahm mich beiseite, gratulierte mir und sagte: »Ich gäbe alle meine Texte für ein Lied von dir!«

Ist denn nur gut, was ein anderer geschrieben hat?

Dann wären Künstler zum Unglücklichsein verdammt, mit kurzen flüchtigen Glücksunterbrechungen. Alle Autoren und alle Prediger. Wenn sie beides sind, haben sie es vielleicht besonders schwer. Wie der einzigartige Manfred Hausmann, Schriftsteller und Laienprediger. In einem Interview klagte er mir einmal: »Um ein Wort der Bibel auszulegen brauchte ich tausend Sätze. Ich habe aber nur Zeit und Platz für ein paar wenige.«

Und trotzdem: Einfach glücklich ist der, der immer neu Frieden schließt mit sich selbst und damit auch mit all seinen Beschränkungen. Der zufrieden ist mit dem, was er hat und kann und ist, und nicht nach dem schielt, was andere haben, können und sind. Wer in sich selbst ruht und sich nicht in die Haut, in das Hirn oder in das Schreibgerät eines anderen sehnt. Einfach glücklich ist, wer auch die kleinen Erfolge wahrnimmt und schätzt und feiert und sich nicht von scheinbaren Misserfolgen schrecken lässt.

Einfach glücklich ist auch der, der hier und heute lebt. Jetzt. Der weder dem nachtrauert, was nicht mehr ist, noch sich nach dem verzehrt, was noch nicht ist. Ich gebe zu: Auch da hat es das Glück schwer mit mir. Denn allzu oft sehne ich mich zurück in die kleinen und großen Glücksmomente der Vergangenheit – auch wenn ich sie damals vielleicht gar nicht so sehr als Glücksmomente wahrgenommen habe – und allzu oft plane ich die kleinen und großen Glücksmomente von morgen. Und verpasse dabei vielleicht die, die mir gerade in diesem Moment begegnen. Den Sonnenuntergang hinter den Häusern meiner Stadt, das Schnurren der Katze auf meinem Schoß, das selige Lachen meiner Enkel, den entspannten Abend mit guten Freunden. Irgendwann erinnere ich mich und denke: Das war Glück.

Kann es denn Glück nur im Rückblick geben? Max Frisch, bis heute eine meiner Schriftstellerikonen, scheint davon überzeugt. In sein Tagebuch notiert er einmal:

»Glück als das lichterlohe Bewusstsein: Diesen Anblick wirst du niemals vergessen. Was aber erleben wir jetzt, solange er da ist? Wir freuen uns auf eine Reise, vielleicht jahrelang, und an Ort und Stelle besteht die Freude größtenteils darin, dass man sich um eine Erinnerung reicher weiß. Eine gewisse Enttäuschung nicht über die Landschaft, aber über das menschliche Herz. Der Anblick ist da, das Erlebnis noch nicht. Man gleicht einem Film, der belichtet wird; entwickeln wird es die Erinnerung. Man fragt sich manchmal, inwiefern eine Gegenwart überhaupt erlebbar ist.«

Wir sind Fotografen. Nacherleber. Nicht Jetzterleber. Erleben nach, was war, wenn wir zu Hause unsere Aufnahmen betrachten. Dabei wäre es doch viel reizvoller, jetzt zu sehen …

Bei einer unserer Reisen nach Israel ist es passiert: Ich habe meine Kameratasche samt Kamera auf dem Münchener Flughafen stehen gelassen. Erst bei der Ankunft in Tel Aviv habe ich es gemerkt. Der Schreck war groß. Über den möglichen Verlust der Ausrüstung, klar. Vor allem aber darüber, dass ich nun keine Fotos machen konnte. Handys gab es noch keine. Doch dann habe ich versucht, aus der Not eine Tugend zu machen und mir vorgenommen: Ich fotografiere mit den Augen. Und mit dem Herzen. Und das ging ausgesprochen gut. So habe ich unmittelbare Eindrücke festgehalten, habe Land und Leute unmittelbar erlebt und sie nicht mittelbar später als Foto nacherlebt.

Ich sehe mich noch in der Grabeskirche sitzen, oben in der kleinen Kapelle, auf der die Kreuzigung verortet wird. Kamerabefreit. Scharen von Touristen strömten an mir vorbei, hauptsächlich aus Asien. Alle traten für einen Moment mit ihrer kleinen Kamera vor das nachgebildete Kreuz, und sahen es durch den Sucher. Unentwegt machte es Klick.

Mancher wird sich vielleicht später, beim Betrachten seiner Fotos, gefragt haben, ob er überhaupt da war. Ja, er war. Aber war er wirklich? Hatte er nicht den entscheidenden Moment verpasst?

Heute sind wir alle zu Dauerknipsern geworden. Der Speicher unserer Handys ist ja auch nahezu unbegrenzt. Und erst all die Clouds. Wir bannen die Welt, der wir begegnen, auf einen kleinen Chip, wir sprechen zuweilen sogar davon, dass wir so den Moment verewigen, aber wir haben ihn oft nicht wirklich erlebt. Ist Gegenwart erlebbar? Max Frisch würde die Frage heute wohl noch ein bisschen unerbittlicher stellen.

Sie konnte das, eine alte Frau aus Hamburg, die wir mitgenommen hatten auf eine Bergwanderung. Alle paar Meter blieb sie stehen und staunte. Über die Berge, die Blumen, die Sonne, den Wind. Jeder neue Ausblick brachte sie zum Schwärmen. Die anderen, die das ferne Ziel möglichst rasch erreichen wollten, machte das zunehmend nervös. Doch die alte Frau ließ sich nicht beirren – und hat wohl mehr erlebt auf dieser Wanderung als alle anderen zusammen. Sie war – glücklich.

Ein befreundeter Pfarrer hat mir einmal erzählt, er trage immer einen Zettel in der Tasche seines Jacketts mit den beiden Sätzen:

»Gott ist da. Wo bin ich gerade?« Das habe ich mir gemerkt. Gott ist da. Und das Glück. Ich will es nicht verpassen.

Gott ist ewige Gegenwart. Mit Gott sein heißt darum im Moment sein. Wer betet, hält die Zeit an und begegnet der Ewigkeit. Er erlebt, dass alles Vergangene von Gottes Nachsorge und alles Zukünftige von seiner Fürsorge umkleidet ist. Nur das Hier und Jetzt zählt noch. »Gott nahe zu sein ist mein Glück.« Dieses Bibelwort (Psalm 73,28) stand als Losung über dem Jahr 2014.

Das Glück hat es vielleicht doch gar nicht so schwer mit mir, mit uns. Wir müssen uns nur immer wieder in die Nähe dieses Gottes begeben. Und diese Gegenwart mitnehmen in unsere vergehende Zeit. Immer wieder stehen bleiben. Hinschauen. Hinhören. Uns freuen. Danke sagen.

Noch einmal Augen auf! Bühne frei! Da brütet einer über einem Text. Es ist das Jahr 1842. Der Text ist fast 200 Jahre alt. Er kennt sich aus mit alten Texten. Er hat viele von ihren gesammelt und herausgegeben. Er ist Hochschulprofessor. Und Dichter. Und lässt sich nicht selten von seinen Fundstücken inspirieren. August Heinrich Hoffmann von Fallersleben ist zufrieden. Er strahlt. Dieser Text sagt, was er, der Dichter, sagen möchte, sagen muss: Es gibt so unfassbar viel Schönes in der Welt. Man muss nur hinschauen. Und vor allem und immer wieder auf ihn: Jesus.

Schönster Herr Jesu, Herrscher aller Herren, Gottes und Marien Sohn:
Dich will ich lieben, dich will ich ehren, du meiner Seele Freud und Kron.

Schön sind die Felder, schön sind die Wälder in der schönen Frühlingszeit;
Jesus ist schöner, Jesus ist reiner, der unser traurig Herz erfreut.

Schön leucht die Sonne, schön leucht der Monde und die Sternlein allzumal.
Jesus leucht schöner, Jesus leucht reiner als alle Engel im Himmelssaal.

Schön sind die Blumen, schön sind die Menschen in der frischen Jugendzeit;
sie müssen sterben, müssen verderben, doch Jesus lebt in Ewigkeit.

Alle die Schönheit Himmels und der Erden ist verfasst in dir allein.
Nichts soll mir werden lieber auf Erden als du, der schönste Jesus mein.

August Heinrich Hoffmann von Fallersleben

Dabei geht es Hoffmann nicht wirklich gut. Ein Jahr zuvor hat er das »Lied der Deutschen« gedichtet – die dritte Strophe singen wir bis heute als Nationalhymne. Damit hat er sich bei der preußischen Obrigkeit unbeliebt gemacht. Überhaupt ist unangenehm aufgefallen, dass er für die Beendigung der deutschen

Kleinstaaterei kämpft und schreibt. Und für Demokratie. Man wird ihm die Professur entziehen. Pensionslos. Und man wird ihn des Landes verweisen. Und er schreibt diesen berührenden Text: Auch wenn alles Schöne an einen Augenblick gebunden ist – die Schönheit des Gottessohnes überdauert die Zeiten.

Goldene Momente. Ich will sie entdecken mitten im Grau des Alltags. Gott hat sie hineingewebt in unsere Welt, und ich will mir die Sinne schärfen lassen. Will achtsam hinschauen, hinhören, hinschmecken, hinriechen, hinfühlen. Und wenn sie wieder davonhuschen und ich mit Goethe schreien möchte: »Verweile Augenblick, du bist so schön!«, will ich meinen Blick weiten.

Denn was jetzt nur in kurzen Momenten aufblitzt, wird uns später eine ganze Ewigkeit lang betören und in Atem halten. Staunen ohne Ende. Und Klatschen und Jubeln. Und wir sind nicht nur Zuschauer, sondern Mitwirkende.

14

**Alles, was dir vor die Hände kommt,
es zu tun mit deiner Kraft, das tu!**

Warum Aufschieben nur selten angesagt ist

Ich sollte anrufen. Er wartet. Vielleicht. Aber ich mag nicht. Mag seine Fragen nicht. Weil ich keine wirklichen Antworten hab. Ach nein, heute nicht. Vielleicht morgen.

Ich sollte sie besuchen. Sie würde sich freuen. Aber ich mag nicht. Mag ihre Schmerzen nicht. Ihre Zweifel. Ihre Verzweiflung. Weil ich keinen wirklichen Trost habe. Ach nein, heute nicht. Vielleicht morgen.

Ich sollte mich entschuldigen. Ich hätte das nicht sagen sollen. Aber ich mag nicht. Mag seine Vorwürfe nicht hören. Mag nicht noch einmal alles durchkauen. Mag meine Erklärungen nicht. Ach nein, heute nicht. Vielleicht morgen.

Ich sollte das reparieren. Das ärgert mich schon lange. Und andere noch mehr. Aber ich mag nicht. Ich müsste dafür extra in den Baumarkt. Und der ist voll um diese Zeit. Und vielleicht haben sie ja gar nicht, was ich brauche. Dann bestellen sie es. Und das dauert. Und dann muss ich nochmal hin. Ach nein, heute nicht. Vielleicht morgen.

Ich sollte etwas spenden. Teilen, was mir anvertraut ist. Ich könnte es. Mein Konto ist gut gefüllt. Aber ich mag nicht. Wer weiß, was da noch alles auf mich zukommt an unerwarteten Rechnungen. An unerwachten Wünschen. Andere könnten ja auch. Und ich tu ja schon so viel. Ach nein, heute nicht. Vielleicht morgen.

Ich sollte meine Stimme erheben. Dem Stumpfsinn die Stirn bieten. Aber ich mag nicht. Sie hören ja doch nicht zu. Und am Ende greifen sie mich an. Ach nein, heute nicht. Vielleicht morgen.

Oder gar nicht.

»Morgen, morgen, nur nicht heute! Sprechen immer träge Leute.« So beginnt das Lied »Der Aufschub«, das der deutsche Schriftsteller Christian Felix Weiße im Jahr 1766 veröffentlicht hat.

Bin ich träge? Manchmal schon. Allzu manchmal. Dabei weiß ich, dass das nicht nur anderen nicht gut tut, sondern auch mir selber nicht. Unerledigtes stapelt sich in meiner Seele und bedrückt und erdrückt mich.

Und manchmal ist es zu spät. Noch immer denke ich am Grab eines lieben Menschen: Warum hast du nicht öfter angerufen, warum nicht geschrieben? Warum bist du nicht hingegangen, als es noch ging? Warum hast du nicht geklärt, was unklar war zwischen euch?

Du kennst das, Prediger?

Alles, was dir vor die Hände kommt, es zu tun mit deiner Kraft, das tu; denn im Totenreich, in das du fährst, gibt es weder Tun noch Denken, weder Erkenntnis noch Weisheit.
Aus Prediger 9

Ich habe eine To-do-Liste. Schon immer. Seit ein paar Jahren ist sie bei mir elektronisch und digital. Die ist unerbittlich. Sie schiebt nämlich alles, was ich gestern nicht erledigt habe, obwohl ich es mir vorgenommen hatte, in den Kalender für heute. Und solange ich die Aufgabe von gestern nicht als »erledigt« markiere, wird sie weiter so verfahren. Irgendwann dann gebe ich nach. Und werde belohnt. Die Aufgabe löst sich in Form einer kleinen Explosion auf dem Bildschirm auf und macht Platz für anderes. Das tut mir gut.

Warum nur zögere ich manchmal so lange?

Ich erinnere mich an einen jungen Mann, der mich um ein kurzes Gespräch bat. Ich mochte ihn nicht allzu sehr. Er war kompliziert und darum anstrengend. Kurze Gespräche mit ihm konnten leicht zu sehr langen Gesprächen werden. Ich vertröstete ihn. Nicht nur einmal. Es wäre gerade so viel los. Ich hätte gerade wenig Zeit und darum keinen Kopf. Und schon gar kein Herz. Immer wieder kam er auf mich zu. Immer wieder bemühte ich neue Ausreden. Eine Woche lang mindestens, eher zwei. Ich hatte ein schlechtes Gewissen, klar. Aber noch weniger Lust auf das Gespräch. Bis ich ihm eines Tages nicht ausweichen konnte.

»Also gut, was hast du auf dem Herzen?«

»Ich wollte dich nur fragen, ob du die neue Adresse von Klaus hast.«

Hätte er das nicht gleich sagen können! Hätte ich nicht gleich fragen können! Ich hätte mir zwei Wochen schlechtes Gewissen erspart! Aber eben: Er war kompliziert. Ganz im Gegensatz zu mir …

Des Teufels liebstes Möbelstück ist die lange Bank, weiß der Volksmund. Und ich weiß es auch. Und das nicht nur im Blick auf meine kleinen privaten Verdrängereien und Aufschiebereien. Der Satz stimmt wohl auch im Blick auf die globalen Probleme unserer Zeit. Vor über 50 Jahren sprach der legendäre »Club of Rome«, ein interdisziplinäres Expertenteam, von den »Grenzen des Wachstums«, mit denen wir als weltweite Gemeinschaft konfrontiert sind und erntete Aufsehen und Beifall und Widerspruch. Die These: Die natürlichen Ressourcen dieser Erde sind begrenzt, darum müssen wir umdenken und umsteuern. Zitat: »Wenn die gegenwärtige Zunahme der Weltbevölkerung, der Industrialisierung, der Umweltverschmutzung, der Nahrungsmittelproduktion und der Ausbeutung von natürlichen Rohstoffen unverändert anhält, werden die absoluten Wachstumsgrenzen auf der Erde im Laufe der nächsten hundert Jahre erreicht.«

In der Erstausgabe des Buches im Jahr 1969 schrieb der damalige Generalsekretär der Vereinten Nation, Sithu U Thant, die Welt habe »noch etwa ein Jahrzehnt zur Verfügung, um ihre alten Streitigkeiten zu vergessen und eine weltweite Zusammenarbeit zu beginnen, um das Wettrüsten zu stoppen, den menschlichen Lebensraum zu verbessern, die Bevölkerungsexplosion niedrig zu halten und den notwendigen Impuls zur Entwicklung zu geben. Wenn eine solche weltweite Partnerschaft innerhalb der nächsten zehn Jahre nicht zustande kommt, so werden, fürchte ich, die erwähnten Probleme derartige Ausmaße erreicht haben, daß ihre Bewältigung menschliche Fähigkeiten übersteigt.«

Ich war zu der Zeit Redaktionsvolontär bei der »Westfälischen Rundschau« in Lüdenscheid und hatte, wie viele andere auch, ein neues Wort zu lernen: Umwelt. Und dieses auch: Umweltschutz. Das war in unserer Stadt nichts Neues. Denn der Chef der örtlichen Konkurrenzzeitung hatte schon immer jeden Stadtbaum, der gefällt werden musste, herzhaft beweint. Aber nun ging es offenbar nicht mehr um einzelne Bäume, es ging um den Wald. Ich erinnere mich an eine Veranstaltung, in der die neue Herausforderung für die Welt und für unsere Kommune thematisiert werden sollte. Der Landrat sprach ein flammendes Grußwort. In der neuen Begrifflichkeit war er allerdings noch nicht wirklich zu Hause. Darum verhaspelte er sich, als er eigentlich einen denkwürdigen Satz formulieren wollte: »Wenn wir uns nicht für den Umweltschutz einsetzen, werden wir alle durch den – Umweltschutz umkommen.« Stirnrunzeln und einzelne unterdrückte Lacher im Raum. Nein, ganz so hatte er es wohl nicht sagen wollen. Trotzdem hatten alle verstanden. Mein Bericht hat seinen Satz dann gnädig berichtigt.

Inzwischen sind wir 50 Jahre weiter. Sind wir es wirklich? Vor allem: Sind wir auch 50 Jahre klüger? Manche sagen, es wäre, gerade auch im Blick auf die rasante Veränderung des Weltklimas längst nicht mehr fünf vor, sondern fünf nach zwölf. Weil wir die anstehenden Veränderungen des Systems und unseres Lebensstils immer wieder verdrängt und aufgeschoben haben. Und weil manche von uns wohl davon ausgehen, dass sie die wirklich dramatischen Weltkatastrophen wohl nicht mehr selbst erleben werden.

Max Frisch hat in einem seiner legendären Fragebögen beinahe sarkastisch gefragt:

»Sind Sie sicher, daß Sie die Erhaltung des Menschengeschlechts, wenn Sie und alle Ihre Bekannten nicht mehr sind, wirklich interessiert?«

Aber es geht nicht nur um uns. Es geht um die Schöpfung, die uns vom guten Schöpfer anvertraut worden ist! Es geht um unsere Kinder! Und um deren Kinder! Die Entscheidungen, die wir heute treffen, bestimmen, wie sie morgen leben. Alle Entscheidungen, selbst die kleinen. Auch Aufschieben ist eine Entscheidung. Allerdings die denkbar schlechteste. Wir sind verantwortlich. Wir werden uns verantworten müssen.

Doch ich höre auch den Zweifler in mir und in uns allen: Was kann ich schon tun! Was können wir in Mitteleuropa schon tun! Klein und eher unbedeutend sind wir. Alleine werden wir das Weltklima nicht verändern, die skrupellose Ausbeutung der Ressourcen nicht verhindern können. Da müssen erst einmal die Chinesen ran, die Inder, die Russen, die Amerikaner. Ist all das, was wir hier zustande bringen, nicht bestenfalls ein Tropfen auf den heißen Stein?

Doch auch jeder große Strom besteht aus vielen einzelnen Tropfen. Einfach anfangen. Einfach umdenken. Einfach fragen, was der Welt und ihren Menschen gut tut. Vielleicht fragt einer mit. Handelt einer mit. Und noch einer. Und noch einer. Und die Hoffnung kehrt zurück. Und das Leben.

Alles, was dir vor die Hände kommt, es zu tun mit deiner Kraft, das tu; denn im Totenreich, in das du fährst, gibt es weder Tun noch Denken, weder Erkenntnis noch Weisheit.

Aus Prediger 9

Wir können uns nicht wegducken. Und ich kann es auch nicht. Was an mir liegt, will ich tun. Werde ich tun. Anrufen. Einen Besuch machen. Mich entschuldigen. Kaputtes reparieren. Was mir anvertraut ist, teilen. Meine Stimme erheben. Meinen Lebensstil überprüfen und korrigieren. Nicht irgendwann. Heute.

15

Und es fand sich darin ein armer,
weiser Mann, der die Stadt rettete
durch seine Weisheit; aber kein Mensch
dachte an diesen armen Mann

Wer die Welt zusammenhält

Er war der Pastor der Gangster und Straßenräuber. Er hatte ein Herz für sie. Und eine offene Tür. Pastor einer kleinen Baptistengemeinde am Rand von Johannesburg war er. In einer der sogenannten Townships. Hier lebten Farbige. Die dazwischen also. Nicht schwarz, nicht weiß. Schwarzer Vater, weiße Mutter, indischer Vater, schwarze Mutter und alle möglichen anderen Kombinationen. »Coloured People« hießen sie im alten Südafrika. Und heißen sie im neuen Südafrika immer noch. Coloured. Farbig. Mancher sagt bitter: »Früher waren wir nicht weiß genug, heute sind wir nicht schwarz genug.« Viele arme Leute. Kinder und Jugendliche, die auf der Straße leben. Andere überfallen und ausrauben, um selbst etwas zum Leben zu haben. Das war 1966 so, als er, Samuel Burgers, hierherkam. Das ist heute nicht viel anders.

Meine Gemeinde ist klein, dachte er damals. Und mein Gemeindehaus ist es auch. Aber ich könnte doch vielleicht den einen oder anderen Jungen bei mir aufnehmen. Was ein Wagnis war. Denn er bekam kein Gehalt. Wer hätte das auch bezahlen sollen, damals, 1966! Aber, so schrieb er viele Jahre später: » Der Herr hat in seiner Gnade immer wieder für das Notwendige gesorgt, für alles, was die Jungen brauchten.«

Diesen Herrn hatte er selbst 1954 kennengelernt. Als er am Ende gewesen war und sich das Leben hatte nehmen wollen. Er hatte es nicht leicht gehabt bis dahin. Die Eltern waren gestorben, als er noch ein kleiner Junge war. Er wusste, wie sich das anfühlt, wenn man keinen Menschen mehr hat. Und keine Perspektive.

Nun aber wusste er sich berufen, sich um die zu kümmern, die auch am Ende waren, obwohl das Leben für viele eigentlich eben erst begonnen hatte.

Einer war es erst einmal, der bei ihm einzog, dann kamen zwei, dann drei weitere. Zeitweise wohnten 15, 16 Jungen in seiner bescheidenen Bleibe. Hatten ein Dach über dem Kopf. Bekamen zu essen. Und erfuhren etwas von dem Gott, der ihren

Papa Jahre zuvor auch aus dem Sumpf der Hoffnungslosigkeit gezogen hatte. Schon bald nannte man sie die Pastor Boys.

Das alles aber war noch nicht genug für Pastor Burgers. Er begann damit, andere Kinder einzuladen. Einmal in der Woche. Zum Essen und zu einer biblischen Geschichte. Mit Hilfe deutscher Freunde entstand ein kleines Hilfsprojekt: Bread of Life, Brot des Lebens. Brot gab es wirklich. Und eben auch das Bot vom Himmel. Ein gutes Wort vom himmlischen Vater.

Als wir Pastor Burgers das letzte Mal trafen, lächelte er uns verschmitzt an. »Manchmal fühle ich mich wie Vater Abraham!« Das war ein bisschen übertrieben, klar. Aber auch er konnte die Kinder nicht mehr zählen, die durch ihn neue Hoffnung bekommen hatten.

Am 28. Februar 2017 ist er heimgegangen. Schon länger litt er an Diabetes und an Herzproblemen. Die Trauerfeier war trotzdem ein Dankfest. Hinter seinem Sarg gingen 46 ehemalige Pastor Boys, die inzwischen selbst Pastoren geworden waren. In Worten: sechsundvierzig!

Die Arbeit geht weiter. Auch ohne ihn. Er fehlt, ja. Aber seine Liebe lebt weiter. Die große Liebe eines Kleinen, die die Welt verändert hat. Wenigstens ein kleines bisschen.

Noch erheblich kleiner als Samuel Burgers war er: Adam. Der holländisch-amerikanische Theologe und Psychologe Henri Nouwen erzählt in seinem letzten Buch von ihm. Er hatte Adam kennen und lieben gelernt, als er nach einem erfolgreichen und vor allem nach außen gewandten Dasein in den letzten Jahren seines Lebens zurückgezogen in »Daybreak« bei Toronto lebte und arbeitete, einer Einrichtung der von Jean Vanier gegründeten »Arche« für behinderte Menschen. Hier war Nouwen sich selber nähergekommen. Den Menschen. Und durch sie Gott.

Um Adam hatte er sich vor allem zu kümmern. Adam war schwerstbehindert. Er konnte sich weder selbst waschen noch anziehen, er konnte weder alleine essen noch trinken. Seine Eltern hatten ihn früh in die Einrichtung gebracht, weil sie mit seiner Pflege rettungslos überfordert waren. Adam konnte auch nicht sprechen. Sein ganzes Leben lang hatte er nie auch nur ein einziges Wort gesagt. Könnte das gehen? Der schreib- und redegewandte Henri und der stumme und gelähmte Adam? Der erfolgreiche und bedeutende Hochschulprofessor und der hilfsbedürftige und ganz und gar unbedeutende junge Mann?

Aber es ging. Mehr noch: Es entwickelte sich eine tiefe Freundschaft zwischen den beiden. Als Adam gestorben war, mit 34, schrieb Henri, Adam habe ihn »mehr als viele Bücher oder Professoren zum Menschen Jesus« geführt. Der habe schließlich gesagt: »Was ihr getan habt einem von diesen meinen geringsten Brüdern, habt ihr mir getan.« (Mt 25,40)

Jesus, der Sohn Gottes, König der Welt, hatte offensichtlich Gestalt angenommen in einem schwerstbehinderten Menschen. Einem kleinen und unbedeutenden Menschen. Aber er hatte ihm eine himmlische Bedeutung geschenkt. Und durch ihn der ganzen Gemeinschaft. Auf geheimnisvolle Weise war Adam die Mitte gewesen.

In einem kleinen Buch, seinem letzten, beschreibt Nouwen diesen ungewöhnlichen Menschen und seine ungewöhnliche Beziehung zu ihm:

»Wenn ich Adam nicht in meinen Händen gehabt hätte, wüsste ich nicht, wo ich heute wäre. Die ersten vierzehn Monate in Daybreak, in denen ich Adam wusch, fütterte oder einfach nur bei ihm saß, gaben mir das Zuhause, nach dem ich mich gesehnt hatte; nicht nur ein Zuhause bei guten Menschen, sondern ein Zuhause in meinem eigenen Leib, im Leib meiner Gemeinschaft, im Leib der Kirche und, ja, im Leib Gottes. Ich habe über das Leben Jesu viel gehört und gelesen, vermochte ihn aber nicht zu berühren oder zu sehen. Ich vermochte, Adam zu berühren. Ich sah ihn und berührte sein Leben. Ich berührte ihn körperlich, wenn ich ihn badete, rasierte und ihm die Zähne putzte, ich berührte ihn, wenn ich ihn vorsichtig anzog, mit ihm Schritt für Schritt an den Frühstückstisch ging und ihm den Löffel zum Mund führte. Andere berührten ihn, wenn sie ihn massierten, mit ihm Übungen machten oder im Schwimmbad oder Whirlpool saßen ... Und was von Jesus gesagt wird, darf auch von Adam gesagt werden: ›Alle, die ihn berührten, wurden gesund.‹ (Markus 6,56) Jeder von uns, der Adam berührte, wurde an irgendeiner Stelle geheilt; es war unsere gemeinsame Erfahrung.«[6]

Henri Nouwen starb nur sieben Monate nach Adam. Auch er war am Ziel.

Meinst du Menschen wie Samuel und Adam, Prediger, wenn du schreibst:

Ich habe unter der Sonne auch diese Weisheit gesehen, die mich groß dünkte: Da war eine kleine Stadt und wenig Männer darin, und es kam ein großer König, der belagerte sie und baute große Bollwerke gegen sie. Und es fand sich darin ein armer, weiser Mann, der die Stadt rettete durch seine Weisheit; aber kein Mensch dachte an diesen armen Mann. Da sprach ich: Weisheit ist besser als Stärke, doch des Armen Weisheit wird verachtet, und auf seine Worte hört man nicht. Der Weisen Worte, in Ruhe vernommen, sind besser als des Herrschers Schreien unter den Törichten. Weisheit ist besser als Kriegswaffen; aber ein einziger Bösewicht verdirbt viel Gutes.

Aus Prediger 9

Es sind wohl die Kleinen, die scheinbar Unwichtigen, die diese Welt zusammenhalten. Die weise Gewordenen, die Leisen. In ihnen nimmt der Himmel Platz. Und durch sie berührt und heilt er die Erde.

16

Schon ein wenig Torheit verdirbt Weisheit und Ehre

Warum Dummheit gefährlicher ist als Bosheit

Ruckelnd setzte sich der Konvoi in Bewegung. Acht Reisebusse mit jeweils 40 Touristen. Kreuzfahrern. In Casablanca hatte ihr Schiff angelegt. Marokko. Nordafrika. Der Tagesausflug ging nach Marrakesch. Das hieß: Vor ihnen lag eine lange Fahrt durch die Wüste. 240 Kilometer. Mancher hatte die Busse beim Einsteigen misstrauisch beäugt. Wieviele Wüstenkilometer hatten die schon hinter sich? Wieviele würden sie noch schaffen? Waren sie sicher? Würden sie am Abend gut zurückkommen auf ihr Schiff? »Keine Angst«, sagte der marokkanische Reiseleiter. »Es fährt ein Reservebus mit. Für alle Fälle.«

Die Hinfahrt ging gut. Marrakesch war berauschend. Doch dann die Rückfahrt. Mitten in der dunkel gewordenen Wüste tuckerte einer der Busse an den Straßenrand. Irgendetwas lief offensichtlich nicht so, wie es laufen sollte. Der Fahrer hantierte an allen verfügbaren Knöpfen und Hebeln. Ohne Erfolg. Dann puhlte er einen kleinen Teppich unter seinem Sitz hervor, kletterte aus dem Bus, Teppich unter dem Arm, warf ihn in den Sand, kniete nieder und – begann zu beten. War das jetzt ein gutes Zeichen oder ein ganz Schlimmes? Aber »Keine Angst«, raunten die Passagiere einander zu, »wir haben ja einen Reservebus.«

Doch der war längst in der heimatlichen Garage. Er war als erster aufgebrochen, hatte die Heimfahrt vor dem Konvoi der anderen angetreten … Zum Glück konnte ihn der marokkanische Reiseleiter zurückbeordern. Nach ein paar bangen Stunden in der Wüstennacht kamen so auch die gestrandeten Kreuzfahrer sicher zurück aufs Schiff.

Das würdest du wohl Narretei nennen, Prediger. Man hat sich etwas gedacht, aber man hat es nicht zu Ende gedacht. Man hat zwar das Richtige gewollt, aber das Richtige tun, das hatte man dann nicht hinbekommen.

Solche Narreteien gibt es nicht nur in Marokko. Es gibt sie allüberall. Schildbürger-Streiche nennt man sie zuweilen und erinnert so an die legendären Bewohner der Stadt Schilda. Die gibt es natürlich nicht in Wirklichkeit. Sie ist ein Mythos – etwas, das nie war, aber immer ist. Sonst hätten die Geschichten der Schildbürger nicht einen solch durchschlagenden und anhaltenden literarischen Erfolg gehabt. Immerhin hat man schon 1598 zum ersten Mal von ihnen berichtet. Im letzten Jahrhundert hat Erich Kästner ihre köstlichsten Schelmereien dann noch einmal nacherzählt.

Narren müssen keine Dummköpfe sein. Sie haben nur irgendetwas Entscheidendes übersehen oder überhört. Und so kommt bei ihren Vorhaben etwas heraus, das sie eigentlich nicht im Schilde geführt haben.

Schildbürgerstreiche gibt es bis heute zuhauf. Manchmal wurden sie von ausgesprochen klugen Menschen ausgeheckt, manchmal von dummen, manchmal sind sie einfach so passiert.

Michail Saltykow-Schtschedrin (1826 – 1889) bringt es so auf den Punkt: »Halbe Narren sind wir alle. Ganze Narren sperrt man ein. Aber die dreiviertel Narren, die bereiten uns viel Pein.«

Auch die Bibel erzählt immer wieder von Narren und Toren. Von närrischen und törichten Handlungen und Haltungen. Besonders das lebensweise Buch der Sprüche, der Sprichwörter. Zum Beispiel so: »Wer Zucht liebt, der wird klug; aber wer Zurechtweisung hasst, der bleibt ein Narr.« (Spr 12,1). Oder so: »Der Narr macht viele Worte.« (Spr 19,1)

Narren, Toren, sind auch Machthaber, die die Existenz Gottes ignorieren und glauben, sie könnten nach Belieben schalten und walten. David geht in seinem 53. Psalm mit ihnen ins Gericht:

»Die Toren sprechen in ihrem Herzen: ›Es ist kein Gott.‹ Sie taugen nichts; ihr Treiben ist ein Gräuel; da ist keiner, der Gutes tut. Gott schaut vom Himmel auf die Menschenkinder, dass er sehe, ob jemand klug sei und nach Gott frage. Aber sie sind alle abgefallen und allesamt verdorben; da ist keiner, der Gutes tut, auch nicht einer. Wollen denn die Übeltäter sich nichts sagen lassen, die mein Volk fressen, dass sie sich nähren, Gott aber rufen sie nicht an?«

Das Neue Testament erzählt von einem Großgrundbesitzer, der sich auf seiner reichen Ernte auszuruhen versucht, aber nicht bedenkt, dass man sich auf Reichtum nicht dauerhaft verlassen kann.

»Aber Gott sprach zu ihm: Du Narr! Diese Nacht wird man deine Seele von dir fordern. Und wem wird dann gehören, was du bereitet hast?« (Lk 12,20)

Manchmal denke ich, dass wir alle Narren sind. Eigentlich müssten wir Menschen alle Kräfte bündeln, um den Katastrophen zu begegnen, die uns bedrohen. Stattdessen brechen eitle, machtbesessene Despoten immer neu Kriege vom Zaun, um ihre Macht zu demonstrieren, ihren Einfluss zu vergrößern, ihr Territorium zu erweitern und ihre Schatzhäuser aufzufüllen. Und überall machen kleine und große Kriminelle mit dem Elend anderer schmutzige Geschäfte.

Knapp 2 Billionen Euro haben wir allein 2021 weltweit fürs Militär ausgegeben. Das hat das Stockholmer Friedensforschungsinstitut Sipri ausgerechnet. 2 Billionen sind 2000 Milliarden, sind 2 Millionen Millionen. Und das war noch vor dem Ukrainekrieg.

Aber wenn's nur den gäbe! Man zählte 2022 rund 30 Kriege und bewaffnete Konflikte auf allen Kontinenten. Die meisten nehmen wir kaum zur Kenntnis. Zurzeit werden weltweit mehr als 100 kriegerische Auseinandersetzungen gezählt. 2,24 Billionen Dollar hat die Welt allein im Jahr 2022 fürs Militär ausgegeben – so viel wie niemals zuvor. Dabei nehmen wir die meisten Auseinandersetzungen kaum zur Kenntnis. Sie finden am Rand unserer medial wahrgenommenen Welt statt. Wo liegt eigentlich Mali? Und Lateinamerika ist sehr weit weg.

Menschen werden zerstört. Seelen für Jahrzehnte traumatisiert. Und die Schöpfung wird zugrunde gerichtet. Nicht nur die Um-Welt, sondern die Welt, die unser Lebensraum ist.

Vor 25 Jahren schon hat Reinhard Mey unsere Welt mit einem Narrenschiff verglichen:

> *Der Steuermann lügt, der Kapitän ist betrunken,*
> *Und der Maschinist in dumpfe Lethargie versunken.*
> *Die Mannschaft, lauter meineidige Halunken,*
> *Der Funker zu feig, um SOS zu funken.*
> *Klabautermann führt das Narrenschiff.*
> *Volle Fahrt voraus und Kurs aufs Riff.*[7]

Und wir nehmen immer mehr Fahrt auf. Und taumeln von Krise zu Krise. Bernd Ulrich schrieb Ende März 2022 in der Wochenzeitung »Die Zeit« über die aktuellen Krisen: [8]

»Sie kommen nicht mehr einzeln, sie sind kumulativ, mitunter exponentiell, sie interagieren, verstärken sich teils gegenseitig, und sie werden so bald nicht enden …

Zurzeit sind wir bereits in fünf Krisen gefangen: Artensterben, Klimakrise, Pandemie, der russische Angriffskrieg und die millionenfache Flucht aus der Ukraine. In zwei weitere bewegen wir uns hinein: Schon begonnen hat eine globale Nahrungsmittelknappheit, die aller Wahrscheinlichkeit nach noch mehr Flüchtende nach Europa bringen wird, diesmal von Süden, da, wo demnächst gehungert wird. Das sind dann sieben Krisen, und da reden wir noch nicht von der Inflation, von der Krise der Globalisierung oder der westlichen Demokratien … Eines kann man jetzt schon sagen: Krisen sind nicht mehr die Ausnahme von der Normalität, sondern die Normalität der Ausnahme.«

Sieben Krisen. Wie die sieben Plagen der Endzeit, von denen die Offenbarung spricht und die wiederum anspielt auf die zehn Plagen vor dem Auszug der Israeliten aus Ägypten … Aber ich will hier keine allzu schnellen und oberflächlichen Analogien herstellen. Es fiel mir nur auf.

Es ist wie ein böses Erwachen aus einem allzu süßen Traum. Es war doch alles so friedlich, so harmonisch, wir konnten reisen, kaufen, Karriere machen. Immer mehr, immer weiter. Das war unser Normalzustand. Dabei waren wir hier im Westen vielleicht nur das kleine gallische Dorf von Asterix und Obelix. Draußen Rom, drinnen Idylle. Vielleicht waren unsere letzten 78 Jahre gar nicht normal, sondern normal ist das, was wir jetzt erleben. Das jedenfalls war es für weite Teile der Welt schon immer. Und für alle Generationen vor uns sowieso. Vielleicht sagt der Rest der Welt jetzt zu uns: Guten Morgen! Willkommen in der Welt, wie wir sie schon immer erleben!

Zukunftsforscher Matthias Horx spricht von einer Omnikrise. Aber er macht auch Mut: »Es sind, möchte ich sagen, nicht so sehr die Krisen, vor denen wir uns fürchten sollten. Fürchten sollten wir uns vor der Hysterie, mit der wir versuchen, Krisen andauernd anzuschreien. Leben kann nur gelingen, wenn wir auch das Nichtgelingende annehmen. Ist es nicht das, was uns unentwegt stresst? Der ewige Perfektionismus, die Kontrollwut, alles soll funktionieren, die Züge müssen pünktlich fahren, das Bruttosozialprodukt muss steigen, sonst werden wir richtig sauer! Krisen hingegen zwingen uns – im Wortsinn – zu Gelassenheit. Weil es keine einfachen Lösungen gibt – sonst wäre es ja keine Krise –, zwingen sie uns zur Anerkennung von Widersprüchen, die in der Natur der Dinge liegen. Sie fordern nicht ›Lösungen‹, sondern ein Hindurch-Navigieren, ein Wandeln auf unsicherem Terrain … Wir sollten nicht vergessen: Am anderen Ufer der hysterischen Infantilität, mit der wir dauernd auf die Krisen einschlagen, stehen grinsend die Populisten, die Autokraten und Diktatoren. Sie freuen sich sehr über unsere Verwirrungen und Angstschwurbeleien. Sie bieten einfache Antworten, die auf Gewalt, Lügen und Nostalgie basieren. Das endet immer in der Katastrophe.«[9]

Vielleicht sind wir in den vergangenen Jahrzehnten blind und taub und schläfrig geworden. Und deshalb verführbar.

Vor vielen Jahren haben meine Frau und ich im alten Wetzlarer Kellertheater in einem Stück von Max Frisch mitgespielt: »Biedermann und die Brandstifter«. Kurz die Geschichte:

In einer Stadt treiben Brandstifter ihr Unwesen. Ein Haus nach dem anderen brennt ab. Als es eines Tages bei Herrn Biedermann an der Tür klingelt und ein freundlicher Hausierer fragt, ob er nicht bei ihm einziehen könnte. Er fände schwer eine Unterkunft, alle hielten ihn für einen Brandstifter. Gottlieb Biedermann will ein Menschenfreund sein und weist ihm den Dachboden zu. Am nächsten Morgen klingelt ein anderer, angeblich Vertreter einer Feuerversicherung. Die zwei erkennen sich. Auch der zweite zieht ein. In der Nacht poltert es unentwegt im Haus. Am anderen Morgen entdeckt Biedermann, dass die beiden lauter Benzinfässer auf den Dachboden geschafft haben. Biedermann bekommt Angst. »Tja«, sagen die beiden, »wir wollen ihr Haus anzünden.« Biedermann lacht. Guter Scherz! Man dürfe doch nicht gleich von jedem das Schlechteste denken. Das könnten ja keine wirklichen Brandstifter sein! Die würden das ja nicht so offen kommunizieren! Selbst als sie Zündkapseln und Holzwolle verteilen, bleibt er der Menschenfreund. Er bewirtet sie und stellt auf den Tisch, was Küche und Keller zu bieten haben. Sie feiern ihre neue Freundschaft. Einer der beiden Brandstifter sagt: »Die beste Tarnung ist immer noch die Wahrheit. Die glaubt eh keiner.« Am Ende steckt ihnen Biedermann sogar noch die Zündholzer zu. Nein, nicht am Ende. Am Ende steht das Haus in Flammen. Ja, sogar die ganze Stadt …

Max Frisch nennt sein Stück: Ein Lehrstück ohne Lehre.

Sind wir Biedermann? Waren wir's zumindest? Dann waren wir – Narren.

Dietrich Bonhoeffer, von den Nazis kurz vor ihrer endgültigen Kapitulation hingerichteter Theologe und Widerstandskämpfer, hat sich in der Haft in einem kleinen Aufsatz mit der Frage auseinandergesetzt, was eigentlich schlimmer ist, Bosheit oder Dummheit, und kommt zu einem erstaunlichen Ergebnis:

»Dummheit ist ein gefährlicherer Feind des Guten als Bosheit. Gegen das Böse läßt sich protestieren, es läßt sich bloßstellen, es läßt sich notfalls mit Gewalt verhindern, das Böse trägt immer den Keim der Selbstzersetzung in sich, indem es mindestens ein Unbehagen im Menschen zurückläßt. Gegen die Dummheit sind wir wehrlos. Weder mit Protesten noch durch Gewalt läßt sich hier etwas ausrichten; Gründe verfangen nicht; Tatsachen, die dem eigenen Vorurteil widersprechen, brauchen einfach nicht geglaubt zu werden – in solchen Fällen wird der Dumme sogar kritisch –, und wenn sie unausweichlich sind, können sie einfach als nichtssagende Einzelfälle beiseitegeschoben werden. Dabei ist der Dumme im Unterschied zum Bösen restlos mit sich selbst zufrieden; ja, er wird sogar gefährlich, indem er leicht gereizt zum Angriff übergeht. Daher ist dem Dummen gegenüber mehr Vorsicht geboten als gegenüber dem Bösen. Niemals werden wir mehr versuchen, den Dummen durch Gründe zu überzeugen; es ist sinnlos und gefährlich.

Um zu wissen, wie wir der Dummheit beikommen können, müssen wir ihr Wesen zu verstehen suchen. Soviel ist sicher, daß sie nicht wesentlich ein intellektueller, sondern ein menschlicher Defekt ist. Es gibt intellektuell außerordentlich bewegliche Menschen, die dumm sind, und intellektuell sehr Schwerfällige, die alles andere als dumm sind. Diese Entdeckung machen wir zu unserer Überraschung anläßlich bestimmter Situationen. Dabei gewinnt man weniger den Eindruck, daß die Dummheit ein angeborener Defekt ist, als daß unter bestimmten Umständen die Menschen dumm gemacht werden, bzw. sich dumm machen lassen. Wir beobachten weiterhin, daß abgeschlossen und einsam lebende Menschen diesen Defekt seltener zeigen als zur Gesellung neigende oder verurteilte Menschen und Menschengruppen. So scheint die Dummheit vielleicht weniger ein psychologisches als ein soziologisches Problem zu sein. Sie ist eine besondere Form der Einwirkung geschichtlicher Umstände auf den Menschen, eine psychologische Begleiterscheinung bestimmter äußerer Verhältnisse. Bei genauerem Zusehen zeigt sich, daß jede starke äußere Machtentfaltung, sei sie politischer oder religiöser Art, einen großen Teil der Menschen mit Dummheit schlägt. Ja, es hat den Anschein, als sei das geradezu ein soziologisch-psychologisches Gesetz. Die Macht der einen braucht die Dummheit der anderen. Der Vorgang ist dabei nicht der, daß bestimmte – also etwa intellektuelle – Anlagen des Menschen plötzlich verkümmern oder ausfallen, sondern daß unter dem überwältigenden Eindruck der Machtentfaltung dem Menschen seine innere Selbständigkeit geraubt wird und daß dieser nun – mehr oder weniger unbewußt – darauf verzichtet, zu den sich ergebenden Lebenslagen ein eigenes Verhalten zu finden. Daß der Dumme oft bockig ist, darf nicht darüber hinwegtäuschen, daß er nicht selbständig ist. Man spürt es geradezu im Gespräch mit ihm, daß man es gar nicht mit ihm selbst, mit ihm persönlich, sondern mit über ihn mächtig gewordenen Schlagworten, Parolen etc. zu tun hat. Er ist in einem Banne, er ist verblendet, er ist in seinem eigenen Wesen mißbraucht, mißhandelt. So zum willenlosen Instrument geworden, wird der Dumme auch zu allem Bösen fähig sein und zugleich unfähig, dies als Böses zu erkennen. Hier liegt die Gefahr eines diabolischen Mißbrauchs. Dadurch werden Menschen für immer zugrunde gerichtet werden können.

Aber es ist gerade hier auch ganz deutlich, daß nicht ein Akt der Belehrung, sondern allein ein Akt der Befreiung die Dummheit überwinden könnte. Dabei wird man sich damit abfinden müssen, daß eine echte innere Befreiung in den allermeisten Fällen erst möglich wird, nachdem die äußere Befreiung vorangegangen ist; bis dahin werden wir auf alle Versuche, den Dummen zu überzeugen, verzichten müssen. In dieser Sachlage wird es übrigens auch begründet sein, daß wir uns unter solchen Umständen vergeblich darum bemühen, zu wissen, was ›das Volk‹ eigentlich denkt, und warum diese Frage für den verantwortlich

Denkenden und Handelnden zugleich so überflüssig ist – immer nur unter den gegebenen Umständen. Das Wort der Bibel, daß die Furcht Gottes der Anfang der Weisheit sei (Psalm 111, 101), sagt, daß die innere Befreiung des Menschen zum verantwortlichen Leben vor Gott die einzige wirkliche Überwindung der Dummheit ist.«[10]

Weisheit als Gegenentwurf zur Dummheit. Der Zukunfts- und Trendforscher Matthias Horx definiert sie so: »Mit Weisheit distanzieren wir uns von der Wirklichkeit, aber nicht, um sie zu verlassen. Sondern um die Zusammenhänge klarer zu sehen.

Um von der Zukunft aus die Wahrheit der Gegenwart zu beleuchten.«

Beinahe ein ganzes Kapitel widmest auch du, Prediger, diesem Thema. Ein paar Sätze:

Tote Fliegen verderben gute Salben. Schon ein wenig Torheit verdirbt Weisheit und Ehre. Auch auf dem Weg, auf dem er geht, fehlt es dem Toren an Verstand. Er aber hält jedermann für einen Toren. Ein Tor sitzt in großer Würde, und Reiche müssen in Niedrigkeit sitzen. Ich sah Knechte auf Rossen und Fürsten zu Fuß gehen wie Knechte. Die Worte aus dem Munde des Weisen bringen ihm Gunst; aber des Narren Lippen verschlingen ihn selbst. Der Anfang seiner Worte ist Narrheit und das Ende verderbliche Torheit. Der Narr macht viele Worte;

aber der Mensch weiß nicht, was sein wird, und wer will ihm sagen, was nach ihm werden wird? Die Arbeit ermüdet den Toren, der nicht einmal weiß, in die Stadt zu gehen. Weh dir, Land, dessen König ein Kind ist und dessen Fürsten in der Frühe tafeln! Wohl dir, Land, dessen König ein Edler ist und dessen Fürsten zur rechten Zeit tafeln, sich zu stärken und nicht um zu saufen.

Aus Prediger 10

Gibt es Hoffnung? Immer. Weil unsere Welt nicht nur eine Menschenwelt ist, sondern auch eine Gotteswelt. Gott fürchten, ihn wahrnehmen, ihn ernst nehmen, ihn hineinnehmen ins Leben – damit beginnt es wohl.

Unsere Krisen sind eine Chance! Nicht resignieren! Umkehren! Wir müssen zurück auf Anfang.

»Auf dem Weg in die Irre ist Rückschritt Fortschritt«, schreibt der österreichische Schriftsteller Josef Viktor Stummer, ein Zeitgenosse Dietrich Bonhoeffers. Ja, dieser Rückschritt wäre der wirkliche Fortschritt. Ein Rückschritt vom Rand des Abgrunds in sichere Gefilde. Von der Dummheit zur Weisheit. In den Herrschaftsbereich des Schöpfers. Zu seinen Vorstellungen vom Leben.

17

Durch lässige Hände tropft es im Haus

Warum man sich einmischen muss

»Wird's besser, wird's schlimmer?, fragt man alljährlich. Seien wir ehrlich, Leben ist immer lebensgefährlich!«, dichtet Erich Kästner.

Und der Prediger sagt:

> Wer eine Grube gräbt, der kann hineinfallen, und wer eine Mauer einreißt, den kann eine Schlange stechen. Wer Steine bricht, der kann sich dabei wehe tun, und wer Holz spaltet, der kann sich verletzen. Durch Faulheit sinken die Balken, und durch lässige Hände tropft es im Haus.
>
> Aus Prediger 10

Man kann der Gefahr aus dem Weg gehen. Einfach nichts tun. Sich nicht aus der Deckung wagen. Sich nicht einmischen. »Wer arbeitet, macht Fehler. Wer viel arbeitet, macht viele Fehler. Wer keine Fehler macht, ist ein fauler Hund.« Diese Büroweisheit hing einmal als Poster in unserer Redaktion. Wer sich einmischt, tritt in manches Fettnäpfchen. Wer zupackt, kann danebengreifen. Wer sich engagiert, kann scheitern. Aber sich faul und feige herauszuhalten ist keine Option.

Denn dann sinken die Balken, dann tropft es im Haus, dann vermodert und verkümmert die Welt. Und unser Leben.

Jesus sagt es seinen Leuten so: Ihr seid das Salz der Erde. Ihr seid das Licht der Welt.

Auf ihn traf das zu: William Wilberforce. Von 1759 bis 1833 hat er gelebt. Wilberforce war viele Jahre britischer Parlamentarier. Berühmt wurde er durch sein Engagement gegen den Sklavenhandel und die Sklaverei. 18 lange Jahre hat er dafür gekämpft, geredet, geschrieben, gestritten. Gegen heftige Widerstände. Am 24. Februar 1807 um vier Uhr morgens endlich wurde das Gesetz gegen den Sklavenhandel nach zehnstündiger Debatte mit überwältigender Mehrheit von 283 zu 16 Stimmen angenommen. Sklavenhändler galten vor dem Gesetz fortan als Piraten. Bis dahin waren sie »ehrbare« Kaufleute gewesen.

Dieses Gesetz galt zunächst nur für das Gebiet des Britischen Königreichs. Das aber ließ Wilberforce keine Ruhe. Er kämpfte weiter. Und hatte Erfolg. Land um Land schloss sich den Briten an.

Doch noch gab es Sklaven. Menschen ohne Menschenrechte und Menschenwürde. Nun kämpfte er genauso energisch wie zuvor gegen den Handel für die völlige Abschaffung der Sklaverei. Die wurde in Großbritannien schließlich am 26. Juli 1833 besiegelt. Drei Tage vor seinem Tod.

William Wilberforce wurde in der Westminster Abbey begraben. Und damit besonders geehrt.

Sein Motiv: der Glaube an einen gerechten und liebevollen Schöpfer und an die Würde seiner Geschöpfe. Vor dem Unterhaus sagte er einmal: »Mir erschien die Verderbtheit des Sklavenhandels so enorm, so furchtbar und nicht wiedergutzumachen, dass ich mich uneingeschränkt für die Abschaffung entschieden habe. Mögen die Konsequenzen sein, wie sie wollen, ich habe für mich beschlossen, dass ich keine Ruhe geben werde, bis ich die Abschaffung des Sklavenhandels durchgesetzt habe.«

Es war ein langer, dorniger Weg. Es gab heftige Auseinandersetzungen. Wilberforce hat auch Fehler gemacht. Er wurde angefeindet und bekämpft. Und das Ergebnis all seiner Bemühungen sorgte am Ende für neue Konflikte, um die wir uns heute mit demselben Eifer kümmern sollten. Wie er dürfen wir nicht aufgegeben. Um der Menschen willen.

Wilberforce ist in guter Gesellschaft. Ein paar Namen:

Elisabeth von Thüringen – im 13. Jahrhundert hat sie als Landgräfin ein Krankenhaus für Arme eingerichtet und damit alle Konventionen ihrer Zeit gesprengt.

August-Hermann Francke – Ende des 18. Jahrhunderts hat er den Grundstein für eine einzigartige Einrichtung für Waisenkinder gelegt.

Mathilda Wrede – als Aristokratin wurde sie der skandinavische »Engel der Gefangenen«.

Martin Luther King – im 20. Jahrhundert war er der wesentliche Wegbereiter für die Gleichbehandlung und Gleichberechtigung der Schwarzen in den USA.

Jimmy Carter – Ex-Präsident der USA, der selbst noch, als er fast 100 Jahre alt und schwer krank war, immer noch Häuser für Arme in aller Welt errichten ließ.

Und immer und immer wieder Mutter Teresa, die man den »Engel von Kalkutta« nannte.

Und viele, viele ungenannte Heldinnen und Helden des Alltags. Balkenstabilisierer und Leckstopfer in dieser Welt. Salz und Licht der Schöpfung.

18

Fluche dem König auch nicht
in Gedanken und fluche dem Reichen
nicht in deiner Schlafkammer;
denn die Vögel des Himmels tragen die
Stimme fort, und die Fittiche haben,
sagen's weiter

Warum Segnen gut tut

Dem Gesegneten und dem Segnenden

Er steht vor dem Aufzug. Wie jede Nacht. Den kleinen gepackten Handkoffer neben sich. Einer der größten Komponisten des

Landes zittert sich durch die Dunkelheit. Sie werden kommen. Eines Nachts werden sie kommen und ihn holen, ihn, Dimitri Dimitrijewitsch Schostakowitsch. Seine Frau Nita soll es nicht mitansehen müssen. Und die einjährige Tochter Galja schon gar nicht. Darum legt er sich jeden Abend angezogen ins Bett und schleicht, wenn die anderen schlafen, in den Flur. Bei jedem Geräusch, bei jeder Fahrt des Aufzugs zuckt er zusammen. Aber es kommen immer andere. Sie nicht.

Es ist der Mai des Jahres 1937. Josef Stalin »säubert« die Sowjetunion mit eisernem Besen. Stalin, der Stählerne. Ein brutaler Diktator, der dem Land diktiert, wie es funktionieren soll, der den Menschen diktiert, wie sie leben sollen, der den Komponisten diktiert, wie ihre Musik zu klingen hat. Auch Schostakowitsch. Der ist seit seiner 1. Sinfonie ein Weltstar. Seine Opern werden gefeiert. Aber als Stalin seine »Lady MacBeth« im Bolschoi-Theater besucht, ist er alles andere als begeistert. »Albernes Zeug, keine Musik!« Er empfängt den Komponisten nicht in seiner Loge. Das kommt einer Verurteilung gleich. Er ist in Ungnade gefallen. Seine Musik entspricht nicht dem Geschmack des Diktators und damit nicht dem »Kurs sowjetischer Kunst«. Dabei ist er ein Großer. Ein ganz Großer. Zu groß vielleicht für den kleinen Diktator aus Georgien.

Schostakowitsch wird nicht verhaftet. Nicht in dieser Nacht und auch in späteren Nächten nicht. Aber die Schergen Stalins luden den Musiker immer wieder vor, quälten ihn mit Drohungen und versuchten, ihn sich gefügig zu machen.

Und haben leidlich Erfolg. Was bleibt einem Komponisten übrig, wenn er komponieren will, komponieren muss. Später schreibt er: »Das Warten auf die Exekution ist eines der Themen, die mich mein Leben lang gemartet haben, viele Seiten meiner Musik sprechen davon.«

Wie lebt man in einem solchen Regime? Wie überlebt man? Ich habe mich in einem Buch mit den Briefen auseinander-gesetzt, die Dietrich Bonhoeffer aus der Haft geschrieben hat – bis zu seiner brutalen Exekution unmittelbar vor dem Ende des Zweiten Weltkriegs. Er hat den Mächtigen seiner Zeit auch öf-fentlich die Stirn geboten – und ist am Ende ihrer Wut zum Opfer gefallen, aber nicht erlegen. »Das ist das Ende, für mich der Beginn des Lebens!« sind die letzten Worte des engagierten Christen. Andere haben eher still gestritten und gelitten wie sein Zeitgenosse Jochen Klepper.

Wie würde ich leben, zu überleben versuchen? Ich weiß es nicht. Nur weiß ich, dass ich wohl nicht das Zeug zu einem Helden habe. Zum Glück werde ich keinem Eignungstest unterworfen.

Zum Glück ist Stalin Geschichte. Wie Hitler. Wie alle Diktato-ren der Geschichte. Andere sind brutale Gegenwart. Thomas Assheuer hat sie in einem Zeitungsartikel dingfest gemacht: »Genozidale Großmachtpolitiker mit Wahnideen aus dem vor-letzten Jahrhundert, Maulhelden mit Atomraketen, Neo-Natio-nalisten mit Spaß am Niederbrennen der Regenwälder. Regime mit digitaler Totalkontrolle über die Bevölkerung, größen-wahnsinnige Tech-Milliardäre …«[11]

Wer widersteht, landet oft genug im Gefängnis. Als warnendes Beispiel für die anderen. Und um allmählich in Vergessenheit zu geraten.

Wie viele gewaltlose politische Gefangene gibt es aktuell auf der Welt? Nicht einmal Amnesty International weiß das genau. Der Grund: Für die allermeisten Staaten gibt es keine verlässlichen Angaben, sodass Amnesty die Zahl der Gefangenen allenfalls schätzen kann. Fest steht lediglich die Anzahl der Staaten, in denen es gewaltlose politische Gefangene gibt: 48. Dazu zählen der Iran, Kuba und China.

Mancher verflucht die Machthaber. Wer wollte es ihm verdenken.

Aber hilft es? Du, Prediger, warnst:

>>Fluche dem König auch nicht in Gedanken und fluche dem Reichen nicht in deiner Schlafkammer; denn die Vögel des Himmels tragen die Stimme fort, und die Fittiche haben, sagen's weiter.<<

Aus Prediger 10

Soll man überhaupt jemanden verfluchen? Oder – wie es Buber und Rosenzweig in ihrer Übersetzung sagen – verwünschen? Fluchen ist das Gegenteil von segnen. Verwünschen das Gegenteil von Gutes wünschen. Segnen heißt: Ich wünsche dir Gutes von Menschen und von Gott. Ich wünsche dir die Wohltaten des Himmels. Fluchen heißt: Ich wünsche dir Schlechtes. Ich wünsche dir die Boshaftigkeiten der Hölle.

Der alttestamentliche Prophet Bileam soll einmal im Auftrag eines heidnischen Königs das durchziehende Volk Israel verfluchen. Aber er kann nicht. Weil Gott ihn beauftragt hat, dieses Volk zu segnen. Was eine tröstliche Geschichte ist. Dem Fluch sind Grenzen gesetzt, dem Segen nicht. Weil er von Gott kommt.

Jesus sagt später in der Bergpredigt sogar: Segnet die, die euch verfluchen. Brecht so den Bann des Bösen. Bittet die Freundlichkeit Gottes und das Licht des Himmels in das Leben eines Menschen, der euch nur Böses will, und hindert so die Entfaltung und Vervielfältigung des teuflischen Hasses und der höllischen Finsternis. Und Jesus sagt das nicht nur. Er lebt es. Als sich am Kreuz die ganze Boshaftigkeit der Welt an ihm austobt, betet er: »Vater, vergib ihnen, denn sie wissen nicht, was sie tun.« Er flucht nicht, er segnet.

Segnen tut gut. Dem Gesegneten und dem Segnenden. Doch übersteigt das in den meisten Fällen bei Weitem unsere menschlichen Möglichkeiten. Da muss schon ein himmlischer Geist Platz nehmen in unseren Gedanken und Gefühlen. Der Geist von Jesus.

Corrie ten Boom, die zusammen mit ihrer Familie während des Zweiten Weltkriegs in den Niederlanden Juden versteckt hatte und deshalb im April 1944 ins Konzentrationslager Ravensbrück deportiert worden war, reiste nach dem Ende des Kriegs auch durch Deutschland, predigte, erzählte und hielt Vorträge. Ihr großes Thema war Vergebung. Eines Abends entdeckte sie unter ihren Zuhörern einen ehemaligen Aufseher aus dem KZ, einen, der besonders grausam agiert hatte. Nach dem Vortrag kam er auf Corrie ten Boom zu und sagte stockend, er habe nach dem Krieg ein neues Leben begonnen, Gott habe ihm seine schrecklichen Untaten vergeben, nun bitte er auch Corrie ganz herzlich um Vergebung.

Corrie ten Boom hat immer wieder davon erzählt, dass es geradezu unmöglich für sie gewesen wäre, die ausgestreckte Hand des Mannes zu ergreifen. Ihr Arm hätte wie festgenagelt an ihrem Oberschenkel verharrt. Doch dann wäre er plötzlich warm geworden, als wäre eine andere Kraft in ihn gefahren, und er habe sich beinahe wie von selbst dem Mann entgegengestreckt und sie habe die Hand des Mannes ergreifen können. Wenn Gott ihm vergeben habe, ja, dann wolle sie ihm auch vergeben.

Wenn sie von dieser Begegnung erzählt hat, hat sie auch immer wieder gesagt, dass ihr danach leichter ums Herz gewesen sei. Denn wenn wir einem Menschen etwas nachtragen, sind ja wir es, die die Last auf den Schultern und auf der Seele haben. Vergeben befreit nicht nur die anderen von der Angst vor meiner möglichen Vergeltung. Sie befreit auch mich.

Wenn ich einen anderen Menschen segne, schiebe ich ihn unter die gnädige und barmherzige Hand Gottes, auf die ich ja auch selbst so dringend angewiesen bin. Ich lebe ja auch von seiner täglichen Vergebung. Aber es geht wohl nur dann, wenn der Geist des vergebenden Christus Platz nimmt in mir und die anderen durch mich segnet, ihnen durch mich vergibt, sie durch mich liebt. Er selber sagt es so: »Ohne mich könnt ihr nichts tun.« (Joh 15,5) Wir können nicht. Aber wir müssen auch nicht. Das entlastet, und es beendet den unseligen Teufelskreis des Fluchens und Verfluchtwerdens, des Verwünschens und Verwünschtwerdens. Flüche gebären nur neue Flüche, Verwünschungen neue Verwünschungen. Segen aber gebiert Segen und Leichtigkeit und Leben.

19

Lass dein Brot über das Wasser fahren; denn du wirst es finden nach langer Zeit

Warum Teilen nicht ärmer macht

Sein Sender stand unmittelbar vor der Insolvenz. *Sein* Sender? Ja, irgendwie seiner, oder besser: der, der ihm und vielen anderen gehörte. Eine Bürgerinitiative reinsten Wassers. 1959 gegründet, als es nur öffentlich-rechtlich betriebene und finanzierte Sender geben durfte. Aber er und seine Freundinnen und Freunde wollten mehr. Eine Ergänzung. Mehr Christliches, mehr Kirche, mehr Glauben. So hatten sie den »Evangeliums-Rundfunk e.V.« gegründet, privat verantwortet, privat finanziert. Gesendet wurde über gemietete Anlagen im Fürstentum Monte Carlo.

Alles lief auf Kurzwelle. Anders ging's nicht, wegen der Entfernung zum Empfangsgebiet, das war das deutschsprachige

Europa. Mehr ging nicht, weil alles privat finanziert werden musste. Durch Spenden. Croudfunding Anno 1959.

Nun schrieb man bereits das Jahr 1966, und ein Quantensprung in Sachen Empfang war geschafft. Radio Monte Carlo hatte eine Mittelwellen-Frequenz angeboten. Und die Verantwortlichen hatten beherzt zugegriffen. Mittelwelle! Noch nicht UKW, klar, aber doch fast. Immerhin lag die neue Frequenz in guter Nachbarschaft: zwischen Radio Luxemburg und Radio Vatikan.

Doch alles war dadurch teurer geworden. Viel teurer. Und die Spender waren zögerlich. Die ersten Rechnungen aus dem Fürstentum konnten noch bezahlt werden. Aber allmählich wurde es eng. In einer Vorstandssitzung kam dann die bittere Wahrheit auf dem Tisch: Entweder würden in den nächsten zwei Wochen einhunderttausend zusätzliche Mark an Spenden eingehen – oder der junge Sender würde für immer verstummen. Hunderttausend Soforthilfe – die heftig gestiegenen Kosten für die kommenden Monate und Jahre wären damit aber noch nicht gedeckt.

Unruhig rutsche er auf seinem Stuhl hin und her. Er könnte helfen, er hatte das Geld. Aber sollte er? Und was würde seine Frau dazu sagen? Er war gut situiert, hatte eine kleine gut laufende Firma. Seit Monaten träumte er von einer Segelyacht. Das Geld hatte er schon an die Seite gelegt. Aber würde er fröhlich aufs Meer segeln können, wenn der Sender, sein Sender, im Schuldenmeer untergehen würde?

In einer Pause verschwand er in einem nahe gelegenen Büro. Er rief seine Frau an, schilderte die Situation. Was sie gesagt hat, ist nicht überliefert, aber das Ergebnis des Gesprächs ist bekannt. Nach der Pause jedenfalls verkündete er ein bisschen stockend und mit rotem Kopf, er werde die hunderttausend Mark spenden. Die Segelyacht müsste halt noch warten.

Ungläubiges Staunen, dann erste Bravo-Rufe, Schulterklopfen, Umarmungen, tränengefüllte Augen. Es würde weitergehen!

Und als hätte diese eine einsame Entscheidung eine Kettenreaktion ausgelöst, wuchsen in den folgenden Wochen die Spendeneingänge spürbar an. Und sie blieben auf dem nötigen Niveau. Das vermeintliche Ende hatte einen neuen Anfang möglich gemacht.

Lass dein Brot über das Wasser fahren; denn du wirst es finden nach langer Zeit. Teile aus unter sieben und unter acht; denn du weißt nicht, was für Unglück auf Erden kommen wird. Wenn die Wolken voll sind, so geben sie Regen auf die Erde, und wenn der Baum fällt – er falle nach Süden oder Norden zu –, wohin er fällt, da bleibt er liegen. Wer auf den Wind achtet, der sät nicht, und wer auf die Wolken sieht, der erntet nicht. Am Morgen säe deinen Samen, und lass deine Hand bis zum Abend nicht ruhen; denn du weißt nicht, was geraten wird, ob dies oder das oder ob beides miteinander gut gerät.

Aus Prediger 11

Er hatte Brot aufs Wasser geschickt, Lebensbrot, davon war er überzeugt. Im einzig richtigen Moment, ohne allzu lange zu kalkulieren. Und viele andere hatten es ihm gleichgetan. Ohne überhaupt etwas von ihm zu wissen.

Manchmal muss einer den ersten Schritt gehen. Mutig, vielleicht sogar ein bisschen tollkühn. Muss die eigene Schatulle öffnen. Und erleben, dass er dabei nicht ärmer wird. Wenigstens nicht langfristig.

Den »Evangeliums-Rundfunk«, der heute »ERF – Der Sinnsender« heißt, und den ich später, viel später, zwei Jahrzehnte lang geleitet habe, würde es ohne ihn wohl nicht mehr geben. Heute sendet der ERF Radio- und Fernsehsendungen aus einem modernen Funkhaus in Wetzlar digital und analog über viele Kanäle in die Welt. Er sendet – und er versucht, lebenspraktisch zu helfen, wo immer das möglich ist.

Zum Beispiel in Afrika. Dort haben wir in den Achtzigerjahren eine Initiative gestartet, die eine neue Art des Kochens populär machen sollte. Nicht mehr mit Holz, das ein rares Gut ist in vielen Ländern, und das die Menschen, meist die Frauen, oft von weit her bis zu ihrer Kochstelle schleppen müssen. Deutsche und afrikanische Mitarbeiter haben angefangen, Solarkocher zu bauen, einfache Holzkisten mit einem Brennglas als Deckel. Mit diesen Kochern sind sie in die Dörfer gezogen, haben erklärt, was sie da Großartiges mitgebracht haben, und demonstriert, dass man mit der Sonne kochen und sich so manchen langen Weg unter gleißender Sonne sparen kann, und zudem noch die Umwelt schont und die eigene Gesundheit – und haben manche Enttäuschung erlebt. Viele haben gestaunt, haben es ausprobiert, haben gegessen, was die Sonne gekocht hatte, waren begeistert – und sind doch, nachdem unsere Mitarbeiter das Dorf wieder verlassen hatten, zu ihren jahrhundertelang vertrauten Kochmethoden zurückgekehrt. Denn: Beim Essenkochen muss es knistern und qualmen und dampfen, sonst ist es kein richtiges Kochen. Die Solarkocher, die ihnen zum Selbstkostenpreis überlassen worden waren, dienten fortan anderen Zwecken. Eine Kiste kann man schließlich immer gebrauchen.

Nur wenige ließen sich überzeugen, änderten ihre tradierten Gewohnheiten und fingen sogar an, eigene Solarkocher zu bauen und weiterzuverkaufen.

Insgesamt war es eine eher frustrierende Initiative. Unser Sender beschloss darum nach ein paar Jahren, sich wieder aufs eigentliche Kerngeschäft zu beschränken, auf das Produzieren und Senden von Radioprogrammen.

Hatten wir an der Seele der Menschen vorbeigedacht, -geplant und -gearbeitet? Oder waren wir einfach zu früh, unserer Zeit voraus? Alles hat seine Zeit …

Da lese ich rund vierzig Jahre später, dass die Weltgesundheitsorganisation WHO neue Daten zum weltweiten Zugang zu Kochmöglichkeiten veröffentlicht hat. Danach nutzten im Jahr 1990 53 Prozent der Weltbevölkerung Holz, Kohle, Kerosin oder

Dung, um ihr Essen zu kochen. Im Jahr 2020 aber sei diese Prozentzahl auf 36 Prozent gefallen. Das heißt, dass in einer Generation 2,48 Milliarden Menschen mehr mit Elektrizität oder sauberen Öfen kochen! Und auch mit der Sonne.

Vielleicht haben wir ein klein wenig zu dieser Entwicklung beigetragen. Was wunderbar wäre und ein spätes Glück. Es war die richtige Zeit. Aber nicht die Zeit, um Erfolge zu ernten. Es war nur Zeit, die Ideen zu säen.

Ein chinesisches Sprichwort sagt es so: Man kann zählen, wie viele Samenkörner in einem Apfel sind. Aber man kann nicht zählen, wie viele Äpfel in einem Samenkorn sind. Will sagen: Du weißt nie, wie groß die Auswirkungen sind, wenn du eine bescheidene Initiative startest, eine Spende überweist, einem Menschen beistehst, ihm ein gutes Wort sagst. Du weißt es nicht – und du musst es nicht wissen. Wer sein Brot aufs Wasser schickt, entlässt es aus seinem Einfluss, darf es aus den Augen verlieren.

Paulus schreibt es an die Galater so: »Lasst uns aber Gutes tun und nicht müde werden; denn zu seiner Zeit werden wir auch ernten, wenn wir nicht nachlassen.« (Gal 6,9)

Mancher erlebt, dass er dabei nicht ärmer, sondern reicher wird. Geben ist nicht nur seliger als nehmen, es macht auch seliger.

Dabei kommt es nicht auf die Höhe der Summe an. Nicht jeder hat für eine Segelyacht gespart. Jesus hat einer armen Witwe und ihren beiden Scherflein ein Denkmal gesetzt, das die Jahrtausende überdauert hat.

Mit seinen Jüngern hatte er am Opferkasten des Tempels gesessen und beobachtet, wie die Wohlhabenden ihre Kollekten hineinlegten. Dann war diese arme Witwe gekommen, arm, weil sie keinen Versorger mehr hatte. Sie legte zwei Scherflein ein, zwei von den kleinsten Münzen, die damals im Umlauf waren und die noch aus der Hasmonäerzeit stammten. Jesus war beeindruckt: »Wahrlich, ich sage euch: Diese arme Witwe hat mehr als sie alle eingelegt. Denn diese alle haben etwas von ihrem Überfluss zu den Gaben eingelegt; sie aber hat von ihrer Armut alles eingelegt, was sie zum Leben hatte.« (Lk 21,3.4)

Es kommt offenbar nicht auf die Quantität an, sondern auf die Qualität. Nicht auf die Höhe der Gabe, sondern auf die Gesinnung, mit der sie gegeben wird.

Ich erinnere mich an eine Veranstaltung mit dem ugandischen Bischof Festo Kivengere, der in seiner kleinen Kollektenrede sagte: »Gebt, soviel ihr könnt. Gebt gern, gebt mit warmem Herzen. Dann wird euer Geld warmes Geld. Aus warmem Geld kann Gott viel machen.«

Ich liebe diese Geschichte aus dem letzten Jahrhundert:

»In vier Wochen wollen wir ein besonderes Opfer für eine arme Familie zusammenlegen!«, hatte der Pastor angekündigt. »Lasst euch etwas einfallen. Und spart ein bisschen!«

Ocy, Eddie und Darlene hörten es mit Spannung. Und bombardierten ihre Mutter nach dem Gottesdienst gleich mit Vorschlägen. Dabei hatten sie selbst kaum genug zum Leben. Papa war vor fünf Jahren gestorben und hatte Mama mit sieben Kindern und ohne Geld zurückgelassen. Jetzt schrieb man das Jahr 1946. Mama hatte inzwischen »nur« noch drei Töchter zu versorgen.

Aber sie wollten dieser armen Familie helfen. Sie kauften darum gleich am nächsten Tag einen Sack mit 50 Pfund Kartoffeln, um davon einen Monat lang zu leben. Ersparnis: 20 Dollar für Lebensmittel.

Und sie beschlossen, das Licht früher zu löschen und kein Radio mehr zu hören. Das würde die Stromrechnung senken.

Und jede der Töchter ging in der Nachbarschaft putzen oder babysitten.

Und am Abend häkelten sie alle miteinander kleine Topfuntersetzer, die sie für 30 Cent das Stück verkauften.

Nach vier Wochen tauschten sie ihr Erspartes und Verdientes um in druckfrische Scheine. 70 Dollar!

Stolz und glücklich legten sie am Sonntag ihr Geld in den Kollektenteller. Sie konnten helfen, eine arme Familie glücklich zu machen. Sie waren nicht länger arm. Sie konnten anderen helfen. Sie waren reich.

Glücklich liefen sie nach dem Gottesdienst nach Hause. Nein, sie liefen nicht, sie schwebten!

Am Nachmittag kam unerwartet der Pastor zu Besuch und überreichte ihnen strahlend einen Briefumschlag. Und ihr strahlendes Glück wandelte sich von einer Sekunde zur anderen in tiefes Unglück. Konnte das wahr sein? Für sie hatte man in der Gemeinde gesammelt! Sie waren die arme Familie. Niemand sonst. Sie! Sie waren arm! Die anderen hatten es schon immer gewusst. Und sie wussten es nun auch. Wussten es wieder.

Wie benommen öffneten sie den Umschlag: Heraus fielen »ihre« 70 Dollar und 17 weitere Ein-Dollar-Scheine.

Was sollten sie mit dem vielen Geld anfangen? Sie hatten nie so viel Geld gehabt.

Jedenfalls war allen klar: Dieses Geld würden sie nicht für sich ausgeben. Irgendwie war es heiliges Geld.

Da trat am folgenden Sonntag ein Missionar aus Tansania auf die Kanzel ihrer Gemeinde. Er erzählte, die meisten kleinen Kirchen dort hätten kein Dach als Schutz gegen die Sonne und gegen den Regen. Dabei koste so ein Dach nur rund 100 Dollar.

Natürlich war klar, dass nach dem Gottesdienst für ein Kirchendach gesammelt werden würde. Mama, Ocy, Eddie und Darlene sahen einander an und waren sich wortlos einig: Dafür würden sie ihre 87 Dollar ausgeben!

Eine von ihnen flitzte nach Hause, suchte und fand den Umschlag mit dem Geld und war rechtzeitig zurück, als der Kollektenteller die Runde machte. Froh und erleichtert legten sie ihren Umschlag hinein.

Am Ende des Gottesdienstes waren »etwas über 100 Dollar« zusammengekommen. Der Missionar war überglücklich. Eine solche Kollekte hatte er nicht erwartet.

»In dieser Gemeinde muss es ein paar wirklich reiche Leute geben!«, strahlte er.

Aber es war nicht nur er, der strahlte. Am meisten strahlte die kleine Familie, die singend nach Hause zog. »Ja, ja«, kicherten sie immer wieder. »Es gibt ein paar wirklich reiche Leute in dieser Gemeinde! Uns!!« Sie waren keine armen Leute mehr, sie waren reiche Leute. Denn sie hatten 87 »von etwas über 100 Dollar« gegeben.

20

So freue dich, Jüngling, in deiner Jugend

Wie man sich ohne Wehmut erinnern kann

Auf diesen Tag hatte er gewartet. Sein 90. Geburtstag und ein Besuch seiner Zeitung. Noch einmal hatte er hervorgekramt, was einmal sein Leben ausgemacht hatte: Urkunden, Ehrenschleifen, Pokale. Tatsächlich war er einmal ein bekannter Rezitator gewesen, Stummfilmkommentator im einzigen Kino der Stadt. Was man nicht sehen und zuweilen nicht einmal ahnen konnte, wurde von ihm ergänzt. Mit Drama und Pathos in der Stimme. Man war sich einig, damals, in den Zwanzigerjahren: Rezitator Kurt Köster war der Größte.

Er erzählte es mir. Und ich war beeindruckt und schrieb fleißig mit. Ich war Redaktionsvolontär bei der »Westfälischen Rundschau« in Hagen, und dieser alte Mann war meine erste Geschichte. An die Überschrift kann ich mich lebhaft erinnern: »Wenn Rezitator Köster sprach, weinten die Mütterchen im Saal«. So hatte er es mir in den Block diktiert. Mit verklärtem Blick aus den fast erblindeten Augen.

Für eine Stunde war er wieder jung. War er wieder wer. War er, was er nie wieder sein würde.

Freilich musste er auch davon erzählen, wie er innerhalb kürzester Zeit arbeitslos geworden war. Weil die Filme selbst zu sprechen begonnen hatten. Aber das waren für ihn schon eigentlich gar keine richtigen Filme mehr gewesen. Wie hätten sie das auch sein können – sie hatten seine Karriere zerstört. Aber nicht die seligen Erinnerungen an die Zeit davor. Die hatte er genossen. Richtig so. Denn:

So freue dich, Jüngling, in deiner Jugend und lass dein Herz guter Dinge sein in deinen jungen Tagen. Tu, was dein Herz gelüstet und deinen Augen gefällt, und wisse, dass dich Gott um das alles vor Gericht ziehen wird. Lass Unmut fern sein von deinem Herzen und halte das Übel fern von deinem Leibe; denn Jugend und dunkles Haar sind eitel.

Aus Prediger 11

Ein Rat und eine weise Mahnung hast du für ihn und für uns alle, Prediger: Genieße die Zeit der Jugend! Aber lebe achtsam! Lege gute Erinnerungen an, die du später gern hervorholst und anschaust. Lege möglichst wenig schlimme und böse an. Damit sie dich später nicht quälen.

Auf diesen Tag hatte ich nicht gewartet: Bei einem Streamingdienst entdecke ich meine erste Schallplatte. »Eine Taube spricht zu mir«. 1974 erschienen, als ich 23 war. Jetzt lausche ich. Das ganze Album am Stück und in aller Ruhe, Lied für Lied. Der alt gewordene lauscht dem jungen Jürgen Werth. Erste Lieder. Erste Veröffentlichungen. Produziert und arrangiert von der amerikanischen Noah's Band und von Siegfried Fietz. Gar nicht schlecht, denke ich. Für damals. Analog mit einer Acht-Spur-Tonbandmaschine aufgenommen. State of the Art der frühen Siebziger. Ich höre zu und nicht nur Bilder entstehen in meiner Seele, ganze Filme spulen vor mir ab:

Ich bin gerade mal seit zwei Jahren verheiratet, gerade mal seit einem Jahr Redakteur beim »Evangeliums-Rundfunk«, der erst später ERF heißt. Deutschland wird Fußballweltmeister. Richard Nixon tritt zurück wegen Watergate. Willy Brandt auch, wegen Guillaume. Ich trete auf. Es ist meine Zeit.

Ich höre meine Stimme. Jung klingt sie. Ein bisschen verkrampft auch, unfertig. Ich höre meine Melodien. Was mir damals so alles eingefallen, zugefallen ist! Ich höre meine Texte. Manches würde ich heute noch genau so sagen und singen. Vieles aber auch ganz anders. Ein bisschen holzschnittartig ist das alles noch. Da müsste man noch einmal rangehen. Da müsste man manches ein bisschen differenzierter ausdrücken. Da müsste man an manchen Bildern noch ein bisschen herumpinseln. Originellere Reime finden auch. Müsste man? Vielleicht. Aber man kann nicht. Alles ist aufgenommen und veröffentlicht. Alles ist Geschichte. Es hatte seine Zeit.

Ich begegne mir und erkenne mich wieder.

Ich begegne mir und bin mir fremd.

Eines meiner Lieder auf der Platte heißt »Alles hat seine Zeit«. Kohelet. Ach. Damals also schon. Die Musik gefällt mir nicht mehr. Sie hatte ihre Zeit. Aber der Originaltext bewegt mich noch immer. Weshalb ich dieses Buch geschrieben habe.

Melodien haben ihre Zeit. Schallplattenaufnahmen. Und, natürlich, auch die, die diese Schallplatten besungen und bespielt haben. Wie die Byrds, deren »Turn turn turn«, ich geb's zu, Pate gestanden hatte für mein Lied.

Dann ist das letzte Lied auf meinem ersten Album verklungen. Ich werde den Verlag nicht um eine Neuauflage bitten.

Wir können uns erinnern, hoffentlich gern erinnern, aber wir müssen Vergangenes in der Vergangenheit lassen. Wir können nicht, was gestern war, ins Heute zerren.

Oder doch? Die schwedische Popgruppe Abba hat's versucht. Nach über 40 Jahren Pause haben sie ein neues Album produziert. Neue Lieder – die wie die alten klingen und die weltweit alle Umsatzrekorde brechen. Und sie haben eine neue Liveshow entwickelt. Allerdings nur mit Hologrammen, die auf eine Bühne projiziert werden. Avatare der Musiker, die aussehen, wie sie ausgesehen haben. Die sich bewegen, wie sie sich bewegt haben. Vor vierzig Jahren. Als wäre die Zeit stehen geblieben. Mehr noch, als hätte sie jemand zurückgedreht. Björn Ulvaeus, einer der Protagoinisten, der heute 78 Jahre alt ist, findet das aufregend. In einem Interview sagt er: »Es fühlt sich völlig natürlich an. Sie sollten es ausprobieren, es ist toll. Ich trat dafür einen Schritt zurück von mir selbst. Ich betrachte diesen Björn als historische Figur aus einem gewissen Abstand. Ich bin es, und ich bin es doch nicht. So wahrt man eine gewisse Distanz zur eigenen Existenz.«[12]

Abba 2022 ist Abba 1982 ist Abba 2022 – die Wirklichkeiten verschwimmen. In welcher Wirklichkeit befinden wir uns gerade? In welcher Zeit? Kann man die Zeit doch zurückdrehen? Oder wenigstens anhalten? Doch, halt, wir sind Opfer einer Illusionsshow. Die macht Spaß, zugegeben. Aber sie ist nicht das Leben. Es geht weiter, immer weiter. Nach vorne, nie zurück.

Ich jedenfalls möchte nicht mehr 23 sein, nicht mehr so aussehen wie damals, nicht mehr so klingen. Ich bin noch derselbe, ja, aber ich bin doch auch ein anderer. Die Zeit hat Spuren hinterlassen im Gesicht und im Gemüt. Unzählige Geschichten haben sich häuslich niedergelassen in meinem Kopf. Die Haut ist faltiger geworden, und die Seele ist es auch.

Manchmal, wenn wir von unserer Vergangenheit erzählen, sagen wir: »Zu meiner Zeit …« Und verraten damit, dass jetzt wohl nicht mehr unsere Zeit ist. »Zu meiner Zeit« will wohl sagen: Als ich noch jung war. Voller Elan. Voller Pläne und Ideen. Als ich noch mittendrin stand im Leben, als ich noch ein großes Rad gedreht habe. Aber meine Zeit ist auch jetzt. Immer ist meine Zeit.

Ich wandere durch die Jahreszeiten meines Lebens. Der Frühling ist schon lang vorbei. Die Zeit des Aufwachens und Aufblühens. Die Zeit des ersten Erstaunens und Erschreckens. Die Zeit des erregten Erwartens. Ich gehe nicht mehr in den Kindergarten, nicht in die Schule. Ich muss die Liebe nicht mehr wachküssen. Die entscheidenden Weichenstellungen des Lebens sind vollzogen.

Auch mein Sommer ist vorbei. Die Sonne steht nicht mehr im Zenit. Längst strahlt nicht mehr alles in leuchtenden Farben. Ich habe meinen Weg gefunden im Sommer. Meinen Platz. Und die Menschen, die, mit denen ich diesen Platz teile. Meine Welt war satt grün und voll belaubt. Aber es gab auch heftige Gewitter und zerstörende Überschwemmungen, lähmende Hitze und hoffnungslose Dürre. Mein Sommer war die Hochzeit meines Lebens. Ich musste und wollte mich auf vielen Feldern gleichzeitig bewähren. In der Familie, im Beruf, bei meinen Freunden, in der Gemeinde. Ich wollte noch so fit und begehrenswert sein wie in den Monaten des Frühlings, aber ich spürte schon, wie die Kräfte zu schwinden begannen.

Jetzt erlebe ich den Herbst. Das will ich manchmal nicht wahrhaben. Will der Frühlings- und Sommermensch bleiben, der ich doch immer wahr. Aber im Betrieb hat mich in den letzten Jahren niemand mehr einfach so geduzt. Die Kinder haben längst das Haus verlassen. Die ersten Enkel sind da. Und das Haar wird schütter. Noch einmal strahlt die Welt in den leuchtendsten Farben, die sie zur Verfügung hat. Aber ich ahne, dass das nicht mehr allzu lange dauern wird. Dass die Blätter fallen werden. Dass der Winter naht. Herbstzeit ist Abschiedszeit.

Der Herbst ist eine Zeit des Umbruchs. Aber auch des Aufbruchs. Denn da kommt ja noch was. Viele gute Jahre kommen, wenn's gut geht. Wenn ich mich mit ihnen anfreunde und mit den neuen Erfahrungen und Entdeckungen, die sie mir anbieten. Ich will zurückschauen, ja. Mich erinnern, ja. Aber ich will mich nicht zersehnen. Ich will Ja sagen zum Heute. Zu mir in diesem Heute. Zu den Menschen, die mir bleiben in diesem Heute. Ich will die Angebote der neuen Jahreszeit wahrnehmen und nutzen. Ich bin kein Frühlingsmensch mehr. Auch kein Sommermensch. Ich bin ein Herbstmensch. Und bald ein Wintermensch. Und ich will das gut finden und richtig. Und tun, was man im Herbst und Winter noch tun kann.

Auch wenn ich mich manchmal fürchte. Wohl zu Recht:

Denk an deinen Schöpfer in deiner Jugend, ehe die bösen Tage kommen und die Jahre nahen, da du wirst sagen: »Sie gefallen mir nicht«; ehe die Sonne und das Licht, der Mond und die Sterne finster werden und die Wolken wiederkommen nach dem Regen, – zur Zeit, wenn die Hüter des Hauses zittern und die Starken sich krümmen und müßig stehen die Müllerinnen, weil es so wenige geworden sind, wenn finster werden, die durch die Fenster sehen, wenn die Türen an der Gasse sich schließen, dass die Stimme der Mühle leise wird und sie sich hebt, wie wenn ein Vogel singt, und alle Töchter des Gesanges sich neigen; wenn man vor Höhen sich fürchtet und sich ängstigt auf dem Wege, wenn der Mandelbaum blüht und die Heuschrecke sich belädt und die Kaper aufbricht; denn der Mensch fährt dahin, wo er ewig bleibt, und die Klageleute gehen umher auf der Gasse; – ehe der silberne Strick zerreißt und die goldene Schale zerbricht und der Eimer zerschellt an der Quelle und das Rad zerbrochen in den Brunnen fällt. Denn der Staub muss wieder zur Erde kommen, wie er gewesen ist, und der Geist wieder zu Gott, der ihn gegeben hat. Es ist alles ganz eitel, sprach der Prediger, ganz eitel.

Aus Prediger 12

Der katholische Theologe Romano Guardini teilt das Leben des Menschen in sieben Phasen:

Das Leben im Mutterleib
Die Kindheit
Der junge Mensch
Der mündige Mensch
Der reife (ernüchterte) Mensch
Der weise Mensch
Der greise Mensch

Hermann Hesse spricht von Stufen.[13] Führen die bergan oder bergab? Das wird man je nach Seelenlage und Lebenslage anders beurteilen. Für Hesse jedenfalls führen sie bergauf. Und dumm wäre, wer auf einer der unteren Stufen verharren wollte. Er käme ja nicht weiter. Er würde sich selbst um neue Entdeckungen bringen.

Es geht weiter. Aufwärts. Vorwärts. Niemals zurück. Meine Oma hat mir das manchmal vorgesungen, als ich noch klein und sie schon älter war: »Schön ist die Jugend bei frohen Zeiten, schön ist die Jugend, sie kommt nicht mehr. Bald wirst du müde durchs Leben schreiten, um dich wird's einsam sein, im Herzen leer. Drum sag ich's noch einmal, schön ist die Jugendzeit, schön ist die Jugend, sie kommt nie mehr.«

Muss sie ja auch nicht. Jetzt ist meine Zeit! Immer jetzt!

21

Des vielen Büchermachens ist kein Ende, und viel Studieren macht den Leib müde

Warum man aufschreiben soll, was wichtig ist

Steil geht's bergauf. Das Herz pocht heftig. Aber die Mühe lohnt. Diese Burg ist nicht einfach nur irgendeine Burg. Und diese Aussicht nicht einfach nur eine Aussicht. Du bist unterwegs zur Wartburg, und um dich herum blickst du in das grüne Meer des Thüringer Waldes. Wie hoch magst du geklettert sein? Die offizielle Höhenangabe ernüchtert dich. Auf nicht mehr als 411 Meter über dem Meeresspiegel bist du angekommen.

Was du auch als Metapher begreifen kannst, als Bild. Wer hier gelebt und gelitten, gearbeitet und gekämpft hat, war niemals abgehoben, niemals herausgehoben aus den Sorgen und Fragen derer da unten, der Bauern und Händler und Herren und Mägde und Knechte in Eisenach. Die Heilige Elisabeth war's nicht. Martin Luther war's nicht. Und auch nicht die 500 Studenten, die sich 1817 hier versammelten, um gegen die reaktionäre Politik der deutschen Kleinstaaten zu protestieren, und so irgendwie auch den deutschen Nationalstaat begründet haben.

Die Wartburg ist eine durch und durch deutsche Burg, untrennbar mit der deutschen Geschichte verbunden. Und sie liegt mitten in Deutschland.

Die Mitte ist sie. Das Herz. Ein nationales Symbol.

Elisabeth von Thüringen hat hier gelebt. Im Alter von vier Jahren ist die ungarische Königstochter nach Thüringen gekommen. 1221, gerade 14 Jahre alt, wurde sie mit Landgraf Ludwig von Thüringen verheiratet. Ob sie glücklich war? Mit höfischem Prunk jedenfalls konnte sie herzlich wenig anfangen. Zeitzeugen berichten, sie habe »frommen Eifer gezeigt und ihr Sinnen und Trachten in Spiel und Ernst auf Gott gerichtet«. Auf Gott. Und auf die Armen. Als ihr Mann 1227 bei einem Kreuzzug ums Leben kam, widmete sie sich ausschließlich ihnen. »Nun soll mir die ganze Welt und aller Reichtum und alles Ansehen gestorben sein«, soll sie gesagt haben.

Schon als Ludwig noch lebte, hatte sie sich für die Armen eingesetzt und war dadurch bei ihresgleichen auf unverhohlene Ablehnung gestoßen. Im Spital am Fuß der Wartburg, das sie hatte errichten lassen, legte sie nun, nach Ludwigs Tod, selber Hand an. Pflegte und wusch die Kranken. Und spendete ihr gesamtes Kapital.

Wenn man so will, haben »Caritas« und »Diakonie« hier ihren Anfang genommen. Hier auf der Wartburg.

Und die geistlich-theologische Erneuerung der Kirche.

Vom 4. Mai 1521 bis zum 1. März 1522, also dreihundert Jahre später, lebte Martin Luther hier. Sein Aufenthalt sollte ein Geheimnis bleiben, daher wurde er zum »Junker Jörg«. Luther war wohl nicht freiwillig hier. Sein Kurfürst, Friedrich der Weise, hatte ihn nach dem Reichstag zu Worms, auf dem er vor Staat und Kirche seine Thesen zurücknehmen sollte, quasi in Schutzhaft genommen.

Luthers spartanisch eingerichtetes Quartier war eine kleine Stube über dem ersten Burghof. Hier nutzte er die erzwungene Rast, um sich für künftige theologische Auseinandersetzungen zu wappnen und um das Neue Testament in die deutsche Sprache zu übersetzen. Diese Leistung sucht ihresgleichen: In gerade mal zwölf Wochen war das Werk geschafft. Später wurde es noch von Melanchthon und anderen Spezialisten bearbeitet und schließlich 1522 gedruckt. Dieses »Septembertestament« wurde schlagartig berühmt und fand in den evangelischen Gebieten einen reißenden Absatz. Es wurde zum Volksbuch.

Luthers reformatorische Ideen wurden derweil in Wittenberg, das zum Zentrum der Reformation geworden war, praktisch umgesetzt. Demonstrativ heirateten 1521 drei Priester. Luther sah diese Veränderungen aus der Ferne mit Wohlwollen. Er war gut informiert, denn er hielt engen Briefkontakt zu seinen Mitstreitern. Vor allem zu Philipp Melanchthon. 1522 jedoch, als die radikaleren Kräfte der Reformation die Überhand zu gewinnen schienen, hielt es ihn nicht länger auf der Wartburg, er zog zurück in sein Schwarzes Kloster in Wittenberg.

Ob man ihn dort gleich erkannt hat? Schließlich hatte er »Haupthaar und Bart gepflegt«, wie er selber schreibt.

Eine Idylle war seine Zeit auf der Burg sicherlich nicht. Besonders nicht im langen Winter. Die Wartburg liegt nicht besonders hoch, nein. Aber doch ist sie den wechselnden Wettern immer besonders ausgeliefert.

Ja, hier hat er gelebt und gearbeitet, geglaubt und gezweifelt. Nein, er war noch nicht der Reformator. Aber er hatte schon die halbe Welt entzündet mit seiner Entdeckung, dass Gott gnädig ist. Hier nun schenkte er den Deutschen durch seine Bibelübersetzung auch eine einheitliche Sprache.

Gut, dass er sich hier noch nicht an die Übersetzung des Predigers gemacht hat. Vielleicht hätte es seinen Schreibeifer gebremst.

Des vielen Büchermachens ist kein Ende, und viel Studieren macht den Leib müde.

Aus Prediger 12

Sein Buch hat die Welt verändert. Und die vielen, die danach entstanden sind und die sein Freund Lukas Cranach gedruckt und verlegt hat, auch. Bücher können revolutionäre Kraft entfalten. Können? Konnten. Längst haben ihnen andere Medien ihre herausgehobene Position streitig gemacht. Und längst ist die Halbwertzeit von Geschriebenem und Gedrucktem dramatisch gesunken. Würden Luthers gedruckte Erkenntnisse und Bekenntnisse heute noch die Welt beeindrucken oder gar beeinflussen? Eher nicht.

Das heißt: Eigentlich tun das seine Schriften bis heute, wenn auch eher bei Einzelnen. Jedenfalls hat seine Neuentdeckung der unverdienten Gnade nichts an Dynamik verloren in einer Christenheit, die zwischen starrer Gesetzlichkeit und wilder Schwärmerei, zwischen Orthodoxie und Beliebigkeit hin und hergerissen scheint. Wie gut, dass er geschrieben hat!

Und wie! Luther war ein begnadeter Theologe. Aber eben auch ein Sprachschöpfer. Viele seiner lebensprallen und blutvollen Formulierungen benutzen wir bis heute.

Der Publizist Wolf Schneider sagt es so: »Die Sprache Luthers zu übertreffen ist unmöglich, sie zu erreichen ziemlich schwer. Die Lutherbibel ist die Stiftungsurkunde der deutschen Sprache.«

Im Luther-Musical »Bruder Martinus« habe ich dem Bibelüber-
setzer den folgenden Text in den Mund geschrieben:

Wort für Wort und Satz für Satz und Buch für Buch
Ein Wort, das trifft und das erhellt, ist's, was ich such
Fremde Sprachen, fremde Bilder aus fremder Zeit
Von Palästina bis zur Wartburg ist es weit
Viele Stunden, viele Wochen, Tag und Nacht
Hab ich hier schon mit diesem alten Buch verbracht
Will auf gut deutsch einfach sagen, was Gott sagen will
Es soll verstehbar sein in angemess'nem Stil

Buch für Buch und Satz für Satz und Wort für Wort
Und ganz allein mit meinem Gott an diesem Ort
Diese Stube ist erfüllt von seinem Glanz
Und der Teufel fordert auf zum wilden Tanz
Und ich lausche, grüble, zweifle, prüf und bet
Damit man nicht nur mich, damit man Gott versteht
Dieses Himmelsbuch gehört in jede Hand
Damit es hell wird in den Häusern und im Land

Gotteswort wird Menschenwort
Menschenwort wird Gotteswort
Und der Himmel lässt sich nieder in der Welt
Wie ein Brief von Gott persönlich zugestellt[14]

Jürgen Werth

Schreiben ist ein mühevolles Unterfangen. Muss es sein. Um
noch einmal Wolf Schneider zu zitieren: »Einer muss sich plagen. Entweder der Autor oder der Leser.«

Bücher mögen an Popularität verloren haben, gleichwohl finden sich auch heute noch die wesentlichen und wegweisenden Gedanken kluger Menschen zwischen bei Buchdeckeln.

Ich höre dich nicht widersprechen, Prediger. In deinem kleinen Buch wirst du geradezu feierlich verabschiedet. Mit Worten, die auch auf deinen Bruder Martinus und auf viele andere weisen Buchschreiber zutreffen mögen.

Es bleibt noch übrig zu sagen: Der Prediger war ein Weiser und lehrte auch das Volk gute Lehre, und er hörte und forschte, er formte viele Sprüche. Der Prediger suchte, dass er fände angenehme Worte und schriebe recht die Worte der Wahrheit. Die Worte der Weisen sind wie Stacheln, und wie eingeschlagene Nägel sind die einzelnen Sprüche; sie sind von einem einzigen Hirten gegeben.

Aus Prediger 12

Ich bin am Ende deines kleines Buches angekommen, lieber Prediger. Aber nur, um vielleicht schon bald wieder von vorne zu beginnen. Ein kluger Mensch hat einmal gesagt: Ein Buch, das es nicht wert ist, zweimal gelesen zu werden, ist es auch nicht wert, einmal gelesen zu werden. Das gilt zweifellos für dein Buch. Und es gilt für die ganze Bibliothek, in die dein Buch eingebettet ist, die Bibel.

Anmerkungen

1 Platon: *Apologie* 21d-22a, Übersetzung nach Rudolf Rufener

2 Friedl Vollger: Mit Südtirol am Scheideweg, Bozen 2014

3 Carlos Martínez: Ungeschminkte Weisheiten, Neukirchen-Vluyn 2009

4 Bernhard A. Eckerstorfer: Kleine Schule des Loslassens. Mit der Weisheit der Wüstenväter durch den Tag, Innsbruck/Wien 2019

5 Nikolaus Schneider, in: Mit der Bibel durch das Jahr 2021, Stuttgart 2020

6 Henri Nouwen: Adam und ich. Eine ungewöhnliche Freundschaft, Freiburg i.Br. 2011

7 Reinhard Mey: Das Narrenschiff, in: Album »Flaschenpost«, Intercord 1998

8 Die Zeit, 24. März 2022

9 www.horx.com/die-zukunfts-kolumne

10 Dietrich Bonhoeffer: Widerstand und Ergebung. Briefe und Aufzeichnungen aus der Haft, hrsg. von E. Bethge, Gütersloh 1985, aus dem Prolog: Nach zehn Jahren, S. 14f.

11 Die Zeit, 25. Mai 2022

12 Die Zeit, 25. Mai 2022

13 https://hhesse.de/gedichte/stufen/

14 Aus: Siegfried Fietz und Jürgen Werth: Bruder Martinus, ABAKUS Musik, Greifenstein 2012

Sollte diese Publikation Links auf Webseiten Dritter enthalten,
so übernehmen wir für deren Inhalte keine Haftung, da wir uns diese
nicht zu eigen machen, sondern lediglich auf deren Stand zum Zeitpunkt
der Erstveröffentlichung verweisen.

Penguin Random House Verlagsgruppe FSC® N001967

1. Auflage
Copyright © 2023 Gütersloher Verlagshaus, Gütersloh,
in der Penguin Random House Verlagsgruppe GmbH,
Neumarkter Str. 28, 81673 München

Umschlagmotiv: © FrankBoston – Adobe Stock.com
Druck und Bindung: GGP Media GmbH, Pößneck
Printed in Germany
ISBN 978-3-579-06223-5
www.gtvh.de

Glauben lernen mit Bonhoeffer

Wie kann man Dietrich Bonhoeffer heute begegnen? Spricht er auch 75 Jahre nach seinem Tod noch so zu den Menschen, dass er Orientierung gibt, den Glauben und das Leben inspiriert in einer Zeit, die so anders ist, als die, in der er lebte und wirkte? Jürgen Werth fragt bei ihm nach. Er sucht den Austausch mit dem Bonhoeffer, der im Gefängnis eine tiefe Wandlung seiner Theologie und seines Glaubens erfuhr. Indem er auf die Briefe, die Bonhoeffer aus der Haft schrieb, antwortet, entfaltet sich ein fiktiver Dialog. Ein Gespräch, das Bonhoeffers Denken auf ganz andere Weise nahebringt und zeigt, wie aktuell es ist, wenn es von einem sensiblen Leser wach und empathisch wahrgenommen wird.